novum premium

ANDREAS KRÄMER

EIN ANDERER Blickwinkel

Lebenshilfen für den Alltag

novum premium

Bibliografische Information
der Deutschen Nationalbibliothek:

Die Deutsche Nationalbibliothek
verzeichnet diese Publikation in
der Deutschen Nationalbibliografie.
Detaillierte bibliografische Daten
sind im Internet über
http://www.d-nb.de abrufbar.

Gedruckt in der Europäischen Union
auf umweltfreundlichem, chlor- und
säurefrei gebleichtem Papier.

ISBN 978-3-99130-278-0
Lektorat: Tobias Keil
Umschlagfotos: Andreas Krämer,
Vadim Georgiev | Dreamstime.com
Umschlaggestaltung, Layout & Satz:
novum Verlag

www.novumverlag.com

Climate neutral
Print product
ClimatePartner.com/16547-2201-1002

Inhaltsverzeichnis

Mein Traum

Einst war ich ein Baum,
ihr glaubt es kaum:
Mit mächtigen Ästen und stolzer Krone,
der größte am Platze, allen zum Hohne –
bis ein Blitz dann traf meinen hohen Stolz
und flammendes Feuer verzehrte mein Holz.

Des Arbeiters Axt, wird bald sie mich fällen?
Oder schließen sich meine Wunden im hellen
Licht milder Sonne?

Oh, welche Wonne:
Sprossende Zweiglein, grünende Blätter
das Leben wird netter!
Werde ich wieder ein Baum?
Ich glaube es kaum!

Abnabelung

In einem Arztzimmer. Der Arzt am Schreibtisch, ihm gegenüber eine nervöse Patientin.

Arzt: „Also, Frau ... Bilsky ...?"

Patientin: „Von Brizibilsky, bitte sehr, so viel Zeit muß sein!"

Arzt: „Richtig, also, Frau von Brizibilsky, Sie haben soziale Probleme daheim?"

Patientin: „Irgendwie schon, ich glaube, ich werde meinem Sohn Theodor offenbar nicht gerecht. Immer wieder gibt es Ärger. Aber an ihm kann es nicht liegen. Er ist wirklich ein Gottesgeschenk, wie sein Name ja schon sagt."

Arzt: „Nun, da muß ich Ihnen ein paar peinliche Fragen stellen. Zunächst: Wie alt ist Ihr Sohn, was hat er gelernt und was macht er so?"

Patientin: „Er wird bald 24, hat die Hauptschule und das Gymnasium besucht und studiert zurzeit fleißig Wirtschaftswissenschaft im 16. Semester."

Arzt: „Also quasi ein sogenannter ‚Ewiger Student', wie?"

Patientin: „Nun, wenn man ihn immer wieder in den Prüfungen durchfallen läßt, was soll er da machen? Jetzt hat man ihn vom Studium der Wirtschaftswissenschaft ausgeschlossen."

Arzt: „Kein Wunder, wenn er sich jetzt vorwiegend für Wirtschaften interessiert, also für Gaststätten und Kneipen."

Patientin; „Natürlich! Schließlich braucht er nach diesem Prüfungsstreß neue soziale Kontakte, und die bringen leider mein ganzes Haushaltsbudget durcheinander."

Arzt: „Offenbar unterstützen Sie Ihren bereits erwachsenen Sohn immer noch finanziell?"

Patientin: „Ist doch klar, wie soll er denn allein seinen Wagen unterhalten, den er beruflich und privat braucht, und dann die teuren Freundinnen ..."

Arzt: „Hat er denn eine Freundin?"

Patientin: „Ja, sicher, sogar mehrere. Aber Sie wissen ja selbst, wie unbeständig und unzuverlässig die Mädchen heutzutage sind. Immer wieder lassen die ihn sitzen, obwohl er denen allerhand teuren Schmuck gekauft hat."

Arzt: „Dazu kann ich mich momentan nicht äußern. Da müßte sich Ihr Herr Sohn mal persönlich in meine psychiatrische Praxis bemühen. Wie sieht nun Ihre gemeinsame Arbeit im Haushalt aus? Sie beide leben allein?"

Patientin: „Mein Mann Moritz verließ mich schon vor vielen Jahren. Aber Theodor arbeitet kräftig mit im Haushalt, soweit es seine Zeit zuläßt. Er schreibt für mich die Einkaufszettel und macht tolle Vorschläge für unsere Wohnungseinrichtung, ja, er plant sogar unseren Urlaub ganz allein."

Arzt: „Das heißt also im Klartext: Ihr Sohn plant ... und Sie arbeiten, nicht wahr?"

Patientin: „Ihre Fragen empfinde ich allmählich unverschämt, verehrter Herr Doktor! Sie müßten doch wissen, daß ein Heranwachsender viel Zeit braucht für seine Entwicklung, seine Hobbys, seine Freunde usw. Nein, ich glaube, das Problem besteht in unserer zu kleinen Wohnung. Schließlich möchte ich, ebenso wie Theodor, auch mir mal jemanden einladen. Mit 72 bin ich doch nicht zu alt für einen Freund, oder?"

Arzt: „Nein, natürlich nicht!"

Patientin: „Sehen Sie! – Und ich kann ihm doch nicht zumuten, in seinem Arbeitszimmer allein herumzuhocken. Darum nutzt er natürlich auch unseren Salon."

Arzt: „Aber wenn Sie sich mit Ihrem Freund dort aufhalten, stört Ihr Sohn Sie beide doch, oder?"

Patientin: „Ja, wir würden uns bestimmt stören, besonders wenn Theodor fernsehen will und eventuell Besuch hat. Dafür muß dann mein Freund Verständnis haben. Wir verziehen uns in diesen Fällen jedes Mal ins Kabuff."

Arzt: „Wohin bitte?"

Patientin: „Ins frühere Kinderzimmer weichen wir aus, dort schlafe ich ja sowieso, und da stehen mein Kleiderschrank und mein Schreibtisch."

Arzt: (fassungslos) „Und warum nutzen Sie nicht das Elternschlafzimmer?“

Patientin: „Das geht doch nicht! Dort hat Theodor sein großes Bett, seinen Arbeitsplatz mit Computer und daneben gleich auch sein Badezimmer.“

Arzt: „Wie praktisch für ihn, das muß ich sagen, auch im Hinblick auf eventuellen Besuch Ihres Herrn Sohnes! Dürfen Sie und Ihr Freund auch das Bad benutzen?“

Patientin: „Ich bin flexibel, nun, wir haben das schon mal riskiert, aber natürlich nur, als Theodor über Nacht weg war. Schließlich müssen wir ja friedlich miteinander auskommen.“

Arzt: Aber haben Sie überhaupt noch irgendwelche Rechte in Ihrer eigenen Wohnung?“

Patientin: „Jetzt werden Ihre Fragen schon wieder peinlich. Theodor braucht ja sowieso mehr Raum, da er noch seine Kröte und seine Katze versorgen muß.“

Arzt: „Sagten Sie ‚muß‘, oder sind dies nur seine Privatvergnügen?“

Patientin: „Wenn Sie wüßten, wie der Junge damals unter unserer Scheidung gelitten hat,

verstünden Sie, daß er diese Tiere als Partner braucht, und würden nicht wieder solche peinliche Fragen stellen.“

Arzt: „Und Ihr Theodor versorgt natürlich seine Tiere selbst?“

Patientin: „Da ist er zuverlässig. Natürlich springe ich ein, wenn er verhindert oder außer Haus ist. Schließlich hat er mir auch schon mal ein Süppchen gekocht, und wenn er Zeit hat, putzt er mir gegen Trinkgeld sogar die Treppe! Er ist ein Prachtkerl, mein Theodor.“

Arzt: „Haben Sie damals Ihrem Sohn dieses große Auto gekauft?“

Patientin: „Das hat er sich doch so sehr gewünscht, und er braucht doch das Fahrzeug ständig.“

Arzt: „Haben Sie bei diesem großen Wagen auch den Kostenaufwand bedacht, wie Anschaffung, Reparaturen, Versicherung und Sprit?“

Patientin: „Theodor meinte ...“

Arzt: (unterbricht, laut) „Danke! Das genügt mir! (Pause) Dürfen Sie denn damit fahren?"

Patientin: „Er fährt ihn allein, ich darf mich aber an den Versicherungskosten und auch an den Benzinkosten beteiligen, wenn er mich gelegentlich mitnimmt."

Arzt: (listig) „Mir scheint, Sie haben sich da einen sehr cleveren ... Moment mal."

(Das Telefon auf dem Schreibtisch klingelt, der Arzt hebt ab und spricht:)

Arzt: „Ja, Kurt? – Herbert hier. Die Schule ist schon aus? Prima, da kannst du ja zum Supermarkt fahren und einkaufen. Zettel liegt auf der Kommode. Aber setze bitte vorher die Kartoffeln auf, ja? Was hast du geschrieben? Eine Zwei in Mathe? Prima, das gibt wieder einen kleinen Beitrag für dein Sparbuch. Und noch mehr kriegst du, wenn du nach den Schulaufgaben den Flur tapezierst. Dein Zimmerchen ist ja prima geworden –, Deine Freundin? Ja, meinetwegen, kannst du mitbringen, sie kann dir ja bei der Arbeit helfen. Aber um zehn Uhr ist Sense! Okay?"

Arzt: (zum Patienten gewandt) „Entschuldigung, das war mein Sohn Moritz Auch ich bin alleinerziehend, da gibt es natürlich mancherlei zu organisieren. Nun wieder zu Ihnen.

Sie sprachen von Ihrem Haushaltsbudget. Ich verstehe jetzt, wieso das in Unordnung gerät. Was steuert Ihr Herr Sohn denn so an Haushaltsgeld bei?"

Patientin: (genervt). „Schon wieder so eine peinliche Frage! Ich habe Ihnen doch aufgezählt, was mein fleißiger Junge alles macht und wie er mir hilft, so gut er kann. Das bißchen, was er sich dazuverdient, das braucht er – weiß Gott – selbst als Taschengeld, und das reicht bei weitem nicht! Sehen Sie, die jungen Leute von heute wollen doch was haben vom Leben, mal fein ausgehen und richtig weit verreisen, auch mit Freunden oder Freundinnen."

Patientin: (steht auf und spricht immer erregter und lauter) „Muß man denen nicht helfen?"

Nun steht auch der Arzt auf.

Arzt: „Ja sicher, denen muß man helfen. Und Ihrem Herrn Sohnemann würde ich auch helfen, der könnte was erleben!

Aber vorerst werde ich Ihnen helfen, und zwar bei Ihrer Abnabelung." Die Patientin guckt etwas ungläubig.

„Das verstehen Sie nicht?" – „Dachte ich mir. Ich empfehle Ihnen ein betreutes Wohnen."

Patientin:„Kommt nicht in Frage, wer soll denn meinen Sohn versorgen und seine Tiere?"

Arzt: (spricht betont deutlich und langsam)

„Ich empfehle Ihnen diese Hilfe, da ich Sie für nicht erziehungsfähig erachte."

Die Patientin will fliehen, da kommen auf zwei Helfer herein, die sie festhalten.

Arzt: „Keine Sorge, es gibt Gott sei Dank ein behütetes Wohnen für Sie und Ihren Sohn.

Und Sie werden mir noch dankbar sein, wenn Theodor, das ‚Gottesgeschenk', endlich abgenabelt ist! Die Patientin wendet sich ans Publikum, während sie abgeführt wird:

„Das hat man davon, wenn man sich mit einem Arzt einläßt!"

Vorhang

Meine Schranken

Heut' zittert mein Herz,
tapfer trag' ich den Schmerz;
doch wie lange?
Mir wird bange.

Wie lange schon hab' ich mein Leben verströmt,
wie oft schon wurde von dir ich verwöhnt!
Was hab' ich nicht alles mit Dir erlebt!
Wie oft hat mit uns beiden die Erde gebebt,
als wir genossen das höchste Glück;
doch dieses kehrt leider gewiß nicht zurück!

Mehr kann es nicht geben
in meinem Leben.
Bei Dir war es schön,
und nun muß ich geh'n.

Doch du sollst auch morgen
noch sein ohne Sorgen.
Dafür will ich sorgen,
das wirst Du schon sehn!

Du brachst meine Schranken,
ich hab' nichts bereut.
Dafür will ich Dir danken
– noch heut'!

Alles nur Spaß!

„Na, wie war die Reise nach Riva?“ Marga, die Frau aus Deutschland, hat die Telefonzelle am Luganer See angewählt und lauscht Andys Stimme. „Moment mal, ich muß die Tür richtig schließen, der Fön brüllt zu laut – und das bei blauem Himmel und Sonnenschein! – Doch ... ja“, setzt jetzt Andy am anderen Ende der Leitung fort, „... und alles macht Spaß hier!“ – „Sieh an! – Und worin besteht dein Spaß denn so?“, forscht die Frau.

Da braucht Andy nicht lange zu überlegen. „Alles hier macht Spaß: die warme Sonne, die herrliche Landschaft mit den lieblichen Tälern, die aufgetürmten Berge mit den trotzigen Burgen, der blau-grüne See, auch der wilde Wind und natürlich besonders die liebenswerten Leute hier“ –

„Fein, daß du so schnell Kontakt gefunden hast!“ – Nun wird die Frauenstimme spitzer: „Sag mal, liebst du mich denn eigentlich noch?“ – Da braucht der Mann eine Pause, denn auf eine solche Frage ist er nicht vorbereitet. „Aber natürlich liebe ich dich ... noch!“ – Vielleicht kam das „Noch“ zu deutlich rüber, oder die Sprechpause war etwas zu lang, jedenfalls ist die Stimmung zwischen den Liebenden dahin. Prompt kommt die Retourkutsche der Frau, die nun, wenn auch nur so zum Spaß, dem Andy mal auf den Busch klopfen will. Sie flötet: „Auch ich komme hier gut zurecht, wenn wir auch seit Tagen diesen fiesen Regen haben. Aber Petra gibt morgen eine Party, zu der interessante Typen erscheinen werden. Ich bin gespannt, ich wollte sowieso mal meine Gedanken neu ordnen. Danach werden die Karten neu gemischt. Wenn du zurück bist, frage einfach bei Petra nach, die wird wissen, wo ich zu finden bin. Also, mach's gut! – Tschüß“ – Eingehängt! Ihr letztes Wort klingt zwar süß wie immer, hat aber für ihn einen bitteren Beigeschmack. Kann er ahnen, daß seine Freundin ihn immer noch innig liebt und ihn ein bißchen eifersüchtig machen will, daß also alles nur Spaß ist? Aber in den vergangenen Tagen und Wochen war er zu oft allein, zuletzt gar fühlte er sich einsam. Und so sagt sich seine Seele voll Wehmut: „Hab ich mir doch denken können! Ich ziehe hier meine Kur durch – natürlich ohne Kurschatten, und was wird Marga tun?“ Er verläßt entschlossen die Telefonzelle und geht schnurstracks in die Osteria gegenüber. Auch sonst unternimmt er noch so einiges, um Kontakte mit den netten Menschen zu knüpfen; schließlich ist die Welt groß und das mediterrane Tessin lebensfroh und aufgeschlossen für Menschen, die bereit sind, sich zu öffnen ...

Marga aber mag nicht mehr warten. Als sie seit mehreren Tagen keine Nachricht mehr von „ihm“ erhält, ist der Spaß für sie vorbei. Der nächste D-Zug bringt sie ins Tessin und zum erstaunten Andy. Als sie sich fragend gegenüberstehen, bleibt ihr die Entschuldigung im Halse stecken: „Aber Liebling, ich wollte dich doch nur etwas eifersüchtig machen, nur so zum Spaß!“

Als die Liebe die Sprache verlor

Ein Märchen für Erwachsene

Es war einmal ein betagtes Liebespaar. Das lebte schon seit vielen Jahren in einer bescheidenen Blockhütte am Ufer eines großen Sees. Peter und Maura, so hießen die beiden, waren glücklich und zufrieden. Nach der Arbeit musizierten sie gemeinsam auf ihren Flöten und dankten Gott, daß sie sich immer noch lieb hatten, wenn auch nicht mehr in der gleichen Art wie vor den Altersgebrechen ihres Mannes. Aber darüber sprachen sie nicht. Sie redeten kaum miteinander, umarmten sich aber jeden Abend und jeden Morgen und wenn sie wieder miteinander musiziert hatten. Sie waren glücklich.

Eines schönen Tages nun, als Maura gerade drinnen am Herd stand und Peter auf den See hinausblickte, kam ein Kiepenkerl vorüber, der in seinem Korb allerlei Waren feilbot. Auf einen stummen Wink Peters hin setzte sich der Händler neben ihn und versuchte immer wieder ein Verkaufsgespräch in Gang zu bringen. Doch er scheiterte bald an Peters Wortkargheit. Das ärgerte den sonst so erfolgreichen Verkäufer. Während er eine neue Strategie ersann, zog ein feiner Knoblauchduft aus der Hütte. „Ah, deine Frau kocht gerade eine würzige Suppe!" – Peter nickte. „Und – klappt alles noch gut mit euch beiden?" – Peter war zwar wortkarg, aber nicht dumm und verstand sofort, was der meinte. Aber auch hier erntete der Händler wieder nur ein stummes, diesmal heftigeres Kopfnicken. Trotzdem gab der Händler nicht auf. Mit einem Seitenblick auf das greise Haupt seines Kunden langte er in seine Tasche und legte ein kleines Kräuterbündel auf den Tisch. „Trink davon einen Tee, bevor du dich zu ihr legst. Du wirst sie wieder wie früher lieben!" Peter konnte auf einmal reden:

„Nein danke, wir brauchen nichts!" Doch der Händler zog schon weiter. Das Kräuterbündel lag noch auf dem Tisch. „Eine kostenlose Probe!" – sagte er und verschwand, obwohl er zu gern von der würzigen Knoblauchsuppe gekostet hätte. „Mit Speck fängt man Mäuse!", sagte er noch leise. Das konnte Peter jedoch nicht mehr hören. Er war ins Haus gegangen. Das Kräuterbündel hatte er in die Tasche gesteckt. Er liebte seine Frau so sehr, daß er alles begrüßte, was diese Liebe womöglich noch steigern könnte ...

Und tatsächlich geschah das Wunder. In der folgenden mondhellen Nacht drang ein Schrei aus der kleinen Hütte, so daß ein Rehbock, der sich ihr genähert hatte, mit einem Seitensprung davon stob. Ja, es war tatsächlich ein männlicher Freudenschrei, in den jetzt auch eine Frauenstimme mit einfiel. Stumm genossen die beiden das neue Glück und sprachen auch am nächsten Morgen nicht miteinander über dieses neue Geschenk. Statt dessen hing nun jeder seinen eigenen Gedanken nach, die dann in den nächsten Tagen immer mehr Gestalt annahmen – leider waren auch dunkle Gedanken darunter. So dachte Peter, als er am Seeufer angelte, an seinen fünfundsiebzigsten Geburtstag, den sie beide mit Freunden in den nächsten Tagen feiern wollten. Er dachte ans Älterwerden und erschrak: „Wohl kaum wird mich später Maura genauso lieben können, wenn meine Kräfte demnächst dahinschwinden, und sie wird – mir zuliebe – sich natürlich nichts anmerken lassen und still leiden."

Er fror und zog seinen Mantel fester um sich. Nein, das durfte er ihr nicht antun, um der Liebe willen, die sie ihm seit Jahren entgegenbrachte. Er packte sein Angelzeug ein. Die Fische wollten heute sowieso nicht anbeißen. Auf dem Heimweg reifte sein Entschluß, sich still davonzumachen, ohne mit Maura zu reden. Er wollte sie mit seinen trüben Gedanken nicht beunruhigen. Als er jedoch zu Hause sein Reisebündel schnüren wollte, fand er zu seinem Erstaunen einen Zettel von ihr auf dem Tisch: „Lieber Peter, ich muß dich verlassen. Ich will dir nämlich nicht im Wege stehen, wenn du jetzt deine Jugendkräfte zurückgewonnen hast. Und mit meinem Gerede darüber hätte ich dich sicher nur verletzt. Ich wünsche dir von Herzen alles Gute – mit einer jüngeren Frau!" Er war sprachlos, verstand aber sofort, daß sie sich beide mal wieder einig waren in der Liebe. Jeder liebte den andern bis zur Selbstaufgabe. Eigentlich ein ganz fantastischer Gedanke – doch ganz wohl war ihm nicht dabei. Er schloß die Hütte ab und wanderte so lange am Seeufer entlang, bis ihn gegen Abend die Müdigkeit überfiel und er am Ufer einschlief. Er konnte nicht wissen, daß seine liebe Frau andersherum den See umwandert hatte und nicht weit von ihm ebenfalls vor Müdigkeit hingesunken war. Beide dachten in Liebe aneinander. Und diese Liebe war es auch, die einen Engel zu ihnen sandte: „Woher willst du wissen", fragte der den Peter, „daß deine Maura dich im hohen Alter nicht mehr lieben mag?" – Und die Maura fragte er: „Woher nimmst du an, daß sich Peter jetzt zu jüngeren Frauen hingezogen fühlt?" – Und zu beiden gewandt mit flammendem Blick: „Warum verschmäht ihr die Sprache, die euch der Herr – gerade im Hinblick auf die Liebe – geschenkt hat?" Die Tränen, die jetzt beiden über die Wangen rannen, vereinigten sich zu einem kleinen Rinnsal, das im Ufersand verrann. Die Sonne war schon untergegangen, doch der Engel führte die beiden Liebenden zu ihrer Hütte zurück.

Nicht nur in dieser Nacht sondern später konnte man im Innern der Hütte manchmal ein aufregendes Stimmengewirr vernehmen. Der Förster, der des Weges vorüberkam und innehielt, glaubte sogar außer den Stimmen der beiden Alten, die er gut kannte, noch eine dritte, helle Stimme zu vernehmen ... Und wenn sie nicht gestorben sind, dann reden sie immer noch.

Dem Kiepenkerl reichen sie übrigens jedes Mal, wenn er vorbeikommt, ein Süppchen, die der am liebsten mit etwas Knoblauch genießt.

Alte Liebe

Worüber haben wir damals gestritten?
Vergeblich war alles Fragen und Bitten.
Wir fanden es beide nicht heraus.
Am Ende blieb nur der Abschied – und –
„AUS"

Die Freude floh, die Kälte kam wieder.
da fuhr es mir wieder durch alle Glieder.
Nun ist mir kalt – ich werde alt.
Doch neulich im Park – oder war es im Wald,
da sah ich sie wieder:

Die Freundin von früher kam mir entgegen:
„Wo warst du so lange?", begann sie zu fragen
„Wollen wir uns nicht lieber vertragen?"
Da begann sich mein Lebensgeist wieder zu regen:
Die alte Liebe –, die will ich nun pflegen!

Am Grab des Fotografen

Mit einem Ruck am Ärmel versucht der Vater seine halbwüchsige Tochter auf der Friedhofsbank neben sich ruhig zu halten. „Hör doch mal, wie schön die Amsel ihr Abendlied flötet!“ – Aber Anna steht auf, nimmt ihre kleine Harke und begibt sich zum gegenüberliegenden Grab ihres Opas. „Laß mich! Bevor die Sonne untergeht, will ich noch schnell das wuchernde Unkraut wegräumen.“ Vater weiß, daß Anna nicht zu bremsen ist, wenn sie sich was in den Kopf gesetzt hat. – „Aber nimm dich in acht mit deinem neuen Kleid!“

Sie ackert emsig am Beet und dreht sich kurz um: „Du kannst mir ja dabei noch mal was aus dem Leben von Opa erzählen.“ – „Hab ich doch schon!“– „Egal, heute, an meinem sechzehnten Geburtstag, will ich alles noch mal hören, okay?“ – „Nun gut!“ Der Vater schlägt die Beine übereinander. „Gerd war eigentlich immer ein unruhiger Geist. Er war immer aktiv und suchte emsig, seine neuen Ideen zu verwirklichen. Bei all unseren Feiern war er dabei. Er fotografierte die Kommunionkinder, die Brautleute, die Jubilare, die Honoratioren des Dorfes ... einfach alles, was damals von Bedeutung war. Die Leute im Dorf nannten ihn den Fotografen.“ – „Da hat er doch sicher viel Geld verdient, oder?“ – „Im Gegenteil! Er hat nie verstanden, ein Geschäft aus seinem Hobby zu machen. Im Gegenteil! Er gab viel Geld aus für neue Kameras und für immer bessere Objektive.“ – Anna hat das Unkraut in einem Körbchen eingesammelt und sich vor ihrem Vater aufgebaut. „Dann hat ihm das Fotografieren also Spaß gemacht!“ – Bedenklich wiegt Vater seinen Kopf hin und her. Ich weiß noch, wie er bei einem Festkonzert in unserer Dorfkirche mit rotem Kopf hin und her geflitzt ist, wie er immer neue Standpunkte gesucht und sich mit seinem Blitzlicht viele böse Blicke eingefangen hat. Vom ganzen Konzert hat er sicher nichts mitgekriegt.“ – „Vielleicht interessierte ihn die Musik nicht.“ Der Alte lacht. „Aber sicher! Schließlich war er selbst Musiker, spielte Geige und Orgel und hat sogar in verschiedenen Zirkeln mitgespielt, so wie du heute mit deiner Mandoline." – „Du hast früher gesagt, daß er auch gemalt hat." Vaters Augen blinzeln in die Abendsonne. „Du vergißt aber auch gar nichts. Ja, und Fische hat er gezüchtet und Tanzgruppen geleitet und was noch alles. Aber fotografiert hat er eigentlich immer."

Anna sitzt nun neben ihrem Vater und baumelt unruhig mit den Beinen hin und her. „Opa ist also selten bei einer Sache geblieben und scheint wohl ein unruhiger Geist gewesen zu sein, aber fotografiert hat er immer." – Vater legt seinen Arm um seine kleine Künstlerin und schmunzelt. „Er war so unruhig wie du! Und auch du malst und fotografierst ja." – Anna steht auf und zündet eine neue Grabkerze an. „Kann ich mal seine Arbeiten sehen, ich meine seine Bilder, seine Dias, alles, was er so geschaffen hat in seinem Leben?" – Vater seufzt. „Die hat dein Opa in einem Anflug von Wut damals alle auf einmal vernichtet." Anna stemmt ihre schmutzigen Hände in die Hüfte, ohne auf ihr neues Kleid zu achten. „Was?" – „Ja, denn die will ja doch keiner haben, hat er gesagt. Von seinem ganzen Schaffen ist also kaum was übrig geblieben. Siehst du nun, warum ich dir immer sage, daß du was Rechtes lernen sollst?"

Anna sitzt jetzt ganz still. Ihr Blick ist nach innen gerichtet. „Und was wolltest du mir an meinem heutigen Geburtstag für meinen neuen Lebensabschnitt schenken?" Vater holt aus seiner Jackentasche einen Umschlag und zieht einen Scheck heraus. „Den hier hat dir Opa für deinen heutigen Geburtstag vermacht. Hoffentlich legst du das Geld gut an!" – Anna nimmt den Scheck mit ihren schmutzigen Fingern entgegen. „Tausend Euro! – Toll!" Vaters Frage ist kaum zu hören:

„Und was willst du nun tun?" Sie richtet sich kerzengrade auf. „Ich werde Fotografin!"

Am See

Da sitz ich am See,
und nichts tut mir weh.

Was soll ich noch streben
und suchen nach Wegen?

Mit Dir will ich leben,
denn hier bist

Du …

An Jessie

Verloren habe ich dich schon vor Jahren,
den Halt der Familie wollt' ich bewahren.
Nicht eigennützig gab ich dich hin,
Leben zu schenken, war immer mein Sinn.
Es kam aber anders, denn ich war nicht frei:
Ich konnte dich nicht retten,
mein Herz lag in Ketten
gefesselt, verzeih' mir, ich spüre
den Schmerz, und ich bete: Er führe
uns zusammen mit einem Male,
der Engel aus Riva San Vitale.

Angleichung

Ein Märchen für Erwachsene

Es war einmal ein Ehepaar, das hatte sich sehr lieb, doch jeder der beiden meinte, daß ihr Leben eigentlich noch viel schöner sein konnte. Beide waren gesund und hatten zwei prächtige Kinder. Doch der lebhafte und sportliche Leo, der gern auch mal ein Glas Wein trank, klagte dauernd über seine – wie er meinte – zu ruhige und langsame Frau Frieda. Was ihn aber besonders ärgerte, war die Raucherei seiner lieben Frau. „Eines Tages bringst du dich noch um mit diesem fiesen Gift, und wie soll ich dann alleine mit den Kindern klarkommen?" pflegte er zu sagen, und er schlug ihr vor: „Statt dessen solltest du täglich mit mir joggen!" Diese Vorwürfe konnte die gutmütige Frieda auf Dauer nicht ertragen, „Ich weiß ja, daß du es gut mit mir meinst", entgegnete sie dann. „Aber denke doch auch mal an deine Trinkerei, die bestimmt deiner kranken Leber nicht guttut", und wo sie schon einmal dabei war, rundete auch sie ihre Kritik ab: „Statt stundenlang jeden Tag zu joggen, solltest du dir etwas mehr Ruhe gönnen. Die würde uns allen guttun!" So ging das hin und her, und die Eheleute merkten, daß der Disput auch den Kindern nicht gut bekam. Sie wurden nämlich von Tag zu Tag unsicherer und stritten dauernd miteinander. So beschlossen die beiden Eheleute eines Tages, einen weisen Guru im Gebirge um Hilfe zu bitten. Damit einer von ihnen bei den Kindern bleiben konnte, wollten sie sich abwechselnd auf den Weg machen. Leo traf als Erster beim Guru ein. Der hörte sich gründlich die Klagen an und faßte dann zusammen. „Du liebst also deine Frieda sehr und möchtest dich ihr angleichen, damit eure Liebe nicht in Gefahr gerät. Nun gut, doch bedenke, dass diese Metamorphose recht kostspielig ist und nicht mehr rückgängig gemacht werden kann!" Nach kurzem Überlegen willigte der Mann dennoch ein. Er legte seine Ersparnisse auf den Tisch und ließ sich vom Guru mit einem Zaubertrank in einen tiefen Schlaf versetzen, aus dem er dann am nächsten Morgen wie verwandelt erwachte. Er bedankte sich bei dem Weisen und machte sich alsbald auf den Heimweg, Wie aber staunte er, als er sah, daß seine Frau Frieda ihn bereits an der Tür erwartete. „Bleib du jetzt bei den Kindern, während auch ich den Guru besuche", sagte sie und ging. Dem Mann konnte es recht sein. Er fühlte sich ja bereits als neuer Mensch, „Was soll's schon schaden?", meinte er frohgemut und widmete sich den Kindern, die den neuen Vater aber kaum wiedererkannten. Ganz irritiert quengelten und heulten sie, bis sie endlich spät in der Nacht erschöpft einschliefen.

Inzwischen war Frieda beim Guru angelangt und hatte ihm ebenfalls ihr Leid geklagt. Dieser hörte sich ihre Wünsche genau an und warnte auch sie. „Du liebst also deinen Leo sehr und möchtest dich ihm angleichen, damit eure Liebe nicht in Gefahr gerät. Nun gut, doch bedenke, daß diese Metamorphose recht kostspielig ist und nicht mehr rückgängig gemacht werden kann." Frieda hatte sich das nötige Geld geborgt und gab es dem Guru. Der versetzte auch sie mit seinem Zaubertrank in einen tiefen Schlaf, aus dem sie am nächsten Morgen wie verwandelt erwachte. Sie dankte dem Guru und eilte heim. „Das wird endlich eine neue, eine vollkommene Liebe zwischen uns werden!", sagte, nein, sang sie immer wieder auf dem Heimweg. Sie fühlte, daß sie wesentlich lebhafter war als früher, und legte den Rest des Weges im Laufschritt zurück. Zu Hause fand sie ihren Mann träge im Sessel ruhend und mit qualmender Zigarette im Mund. Die Kinder weinten. Frieda wurde noch unruhiger, suchte und fand eine Flasche Wein, die sie in kurzer Zeit leerte.

Kurzum: Die Eheleute hatten sich zwar wunschgemäß verändert, doch war jeder in die Rolle des anderen geschlüpft. Dadurch verstanden sie sich nun gar nicht mehr. Ihre Ehe zerbrach. Schlimm traf es auch die völlig irritierten Kinder. Sie mußten psychologisch behandelt und in einem Heim betreut werden. Für das Grab ihrer Eltern haben diese Kinder später den Spruch Goethes gewählt:

Eines schickt sich nicht für alle.
Siehe jeder, wie er's treibe,
siehe jeder, wo er bleibe,
und wer steht, daß er nicht falle!

Austherapiert

„Schwester Mathilda!" – Dr. Hofstadt eilt mit wehendem Kittel an der Stationstür vorüber. „Wo bleiben Sie denn, Schwester? – Visite!" – Bin ja schon hinter ihnen", eine rundliche Frau in Schwesterntracht hat den Arzt eingeholt. „Wo liegt denn die Leber?", fragt der jetzt über die Schulter zurück. „Auf 69!" – „Und der Name?" – „Da war doch was mit Gärtchen oder so ..." „Das ist der Gerd!" – Schwester Mathilda hat ihren Chef jetzt überholt und hält ihm die Tür zum Krankenzimmer auf. „Wie geht's uns denn heute?" Offensichtlich erwartet der Arzt keine Antwort von seinem Patienten, denn er vertieft sich in die Datenblätter, die ihm die Schwester reicht. Dennoch antwortet Gerd: „Wie es Ihnen geht, Herr Doktor, weiß ich nicht, mir aber geht es jedenfalls bescheiden" Er versucht, sich aufzurichten, sackt aber sogleich wieder kraftlos in die Kissen zurück, die ihm die Schwester zurechtrücken will. „Lassen Sie das, das hat Zeit!" –

Dr. Hofstadt hat es eilig. „Schreiben Sie: ‚Erfolgreiche Resektion eines großen Karzinoms.'" – Er wendet sich wieder an den Patienten: „Wir haben Sie vor drei Wochen erfolgreich operiert, Sie sind jetzt austherapiert!" – Schwester Mathilda ist sich ihres schwerwiegenden Fehlers bewußt, den Meister öffentlich zu kritisieren, dennoch wirft sie ein: „Aber Gerd ist doch völlig entkräftet!" – Die Zornesfalte auf Dr. Hofstadts Stirn ist nicht zu übersehen. „Das ist nicht mehr unser Gebiet!" – Und bereits auf dem Korridor mit einem Blick über die Schulter zu Sr. Mathilda gewandt: „Ich verlasse mich auf Sie, ich brauche das Bett! Da warten schon zwei Aspiranten für unsere Herz-Lungen-Maschine! Bitte denken Sie nicht nur an Ihre alternativen Therapien! Uns steht schließlich die dritte Gesundheitsreform bevor!" – „Aber Herr Doktor!" – „Also gut, ich gebe Ihnen noch eine Woche, aber dann ist Schluß! Austherapiert ist austherapiert!" – „Danke, Herr Doktor!" Die Schwester dreht sich auf dem Absatz herum und ist bald wieder am Bett ihres Patienten, den sie in letzter Zeit ein bißchen lieb gewonnen hat. Über ihre Gefühle für den armen Fotografen denkt sie nicht weiter nach. Das aber tun ihre Kolleginnen für sie. Und so bleibt es Schwester Oberin auf ihrem Kontrollgang im Flur nicht verborgen, daß diese Mathilda auch außerhalb ihres Dienstes den Patienten Gerd besucht und – wie merkwürdig! – immer mit strahlenden Augen das Krankenzimmer verläßt. Noch merkwürdiger aber ist der sich ständig bessernde Gesundheitszustand des Patienten, der auch Dr. Hofstadt nicht verborgen bleibt. Aber auch er kann den weiteren Gang der Verwaltungsmaschinerie nicht mehr aufhalten. Nach der abgerungenen Woche verzeichnet die Sekretärin des Krankenhauses „Maria Hilf" zwei Entlassungen aus der Station für Innere Medizin. Das sind die des Patienten Gerd mit dem Vermerk „austherapiert" und die von Schwester Mathilda mit dem Vermerk „untragbar wegen Sittenwidrigkeit". Beim Tippen der Entlassungspapiere murmelt die Sekretärin mit einem Seitenblick auf die im Büro anwesenden Schwester Oberin: „Welche Schande! Und das in unserem Haus von der immerwährenden Hilfe Marias! Aber das war ja schließlich vorauszusehen!" Niemand dagegen ahnt, daß bald unseren Rekonvaleszenten den Gerd ein rätselhaftes Fieber befällt, ähnlich einem grippalen Infekte, doch irgendwie anders. Schwester Mathilda besucht ihn auch weiterhin. Als sie in seine schmachtenden Augen blickt, geht ihr ein Licht auf: „Du bist ja liebeskrank", sagt sie leise und nimmt seinen glühenden Kopf in beide Hände. „Aber auch diese Krankheit werden wir austherapieren!"

Bei „ihm“

Heut’ muß ich arbeiten, wirken, werken.
Die Zeit „morgen Mittag“ will ich mir merken:

Zu „ihm“ will ich ziehen, dahin steht mein Sinn:
Bei „ihm“ zu sein, fröhlich und ohne Sorgen.
Schon heute freue ich mich auf morgen.

Dann schmeckt mir wieder der Saft der Reben,
bei „ihm“ trink’ ich Nektar, bei „ihm“ ist Leben!
Dann werde ich wieder auf Wolken schweben ...

Endlich schlaflos

Früher, da fand ich den Schlaf sofort.
Früher verscheuchte der Schlummer den Kummer:
Die Mühsal des Tages nahm er mir fort,
und ich war dann wieder am friedvollen Ort.

Seit gestern dagegen halt' fest ich die Bilder
von dir und vertiefe sie wilder:
Seit gestern, als von dem Brunnen der Liebe ich trank.
Für Schlaf ist dann später noch Zeit!

Hab' Dank!

Bei der Beziehungsberaterin

Unruhig huschen die Augen des gut gekleideten Mannes über den Tisch des Beratungszimmers. „Ich vermisse bei Ihnen einen Fotokatalog von Kontaktpersonen." Die ältere Dame gegenüber lächelt nachsichtig. „Geduld, mein Herr, so weit sind wir noch nicht. Erst müssen wir wissen, welche Art von Partnerin zu Ihnen passen würde, ich meine natürlich auch von den geistig-seelischen Anlagen her gesehen." Der Oberkörper des Mannes richtet sich auf. „Aber dann vermitteln Sie mir eine Begleiterin, mit der ich bald in Kontakt treten kann?" „Vielleicht!" – Die Dame nickt nachdenklich. „Sehen Sie, wir sind keine gewöhnliche Partnervermittlung mit Gewinnorientierung, sondern eine rein gemeinnützige Stiftung. Unsere Maxime ist die Mithilfe bei der Verwirklichung von Liebesbeziehungen. Im Blick haben wir hier eine bestimmte Zielgruppe von Hilfesuchenden, nämlich Liebesfähige, also Menschen, die bereit sind, Liebe zu schenken und an sich zu arbeiten." Der Herr trommelt leicht mit den gepflegten Fingern auf die glatte Tischplatte. Seinen nun zu den Wandbildern abschweifenden Blick fängt die Beraterin auf. „Sie suchen offensichtlich eher eine Freundin für die Freizeit, mein Herr?" Der scheint sich im Augenblick mehr für seine Fingernägel zu interessieren. „In diesem Fall", fährt die Beraterin bedächtig fort, „sollten Sie eine gewöhnliche Partnervermittlung aufsuchen. Dort werden Sie sicher besser bedient." Der Mann wendet sich ab. Er möchte sein Erröten verbergen und blickt auf seine blankgeputzten Schuhe. Er ist bereit, auszupacken. Kleinlaut kommt seine Antwort hervor: „Das bringt nichts mehr, denn da komme ich her. Die Beziehungen kippen nach kurzer Zeit, jetzt bin ich es leid. Ich kann nicht mehr ruhen. Was soll ich nur tun?" – „Gut, fangen wir also an!" – Die freundliche Frau holt einen Bogen Papier. „Die persönlichen Daten habe ich ja. Nun sagen Sie mal, wie soll denn ihre Traumfrau aussehen?" – Der Mann richtet sich auf und rückt seine Krawatte zurecht. Wie Geschosse kommen die

Worte hervor: „Jung, hübsch, schlank, blond und …" – „Nein, nein!" – Die Beraterin blickt fassungslos zur Decke. „Ich dachte weniger an deren äußerer Erscheinung als mehr an ihre Wesensart!" – „Nun", der Herr hebt seine Hände empor, um seinen Worten Nachdruck zu verleihen, „sie soll selbstverständlich sauber, gesund und fleißig sein, eben eine perfekte und liebevolle Frau!" – „Und gut kochen können sollte sie sicher auch und Ihnen abends das Bierchen und die Pantoffeln zum Fernseher bringen, wenn sie nach getaner Hausarbeit ihre Kinder versorgt hat …", ergänzt die Dame augenzwinkernd. Der Mann rutscht unruhig auf seinem Stuhl herum. „Offen gestanden, finde ich Ihre Formulierungen etwas überspitzt; ist es nicht ein großes Glück, wenn man eine solche Frau besitzt?" Und er denkt bei sich: „Habe ich nicht abends ein Recht auf Liebe, wenn ich den ganzen Tag für die Familie auf Achse war?"

Die alte Dame hat offenbar fatalerweise auch diesen Gedanken erraten. Sie steht auf: „Es hat keinen Zweck, mein Herr, hier bei uns sind Sie nicht im richtigen Institut." Der Mann erhebt sich unschlüssig, während die Frau fortfährt: „Sie sind nicht liebesfähig, mein Herr. Daher mußten Ihre vorigen Bemühungen erfolglos bleiben. Sehen Sie: Sie wollen eine ganz bestimmte Frau haben, ja, Sie sagten sogar ‚besitzen'! Zugegeben, Sie sind sicher bereit, für Ihren Besitz auch Gegenleistungen zu erbringen, und Sie werden Ihre Eroberung auch absichern und verteidigen wollen, aber das alles hat doch mit Liebe nichts zu tun!" – Die Halsschlagader des Mannes schwillt an. Sein Mund öffnet sich. „Nein, warten Sie!" – Die Beraterin rückt nicht ab von ihrem Urteil.

„Was Sie erzielen wollen, ist eher eine mehr geschäftliche Partnerschaft, in der jeder ein gewisses Kapital an Eigenleistung einbringt, um Nutzen für sich selbst daraus zu ziehen." „Warum auch nicht?", denkt der Mann, doch er schweigt lieber, und die Alte fährt fort: „Eine solche Beziehung ist in der Regel durchaus dauerhaft und genießt auch Ansehen in der Gesellschaft, aber noch einmal: Das alles hat mit Liebe nichts zu tun!"

Bei diesen eindringlichen Worten beugt sich die Beraterin vornüber, so daß die Perlen ihrer Halskette frei im Raum pendeln. Der Herr dreht sich um und wendet sich zur Tür. „Hier bin ich tatsächlich fehl am Platz. Vielen Dank!“ – Und wieder fängt sie seinen fragenden Blick auf. „Sehen Sie, unsere Stiftung arbeitet für Liebende, die zueinanderfinden wollen.“ Der Mann scheint noch immer nicht zu verstehen. „Also, das sind Menschen, für die lieben wichtiger ist, als geliebt zu werden!“ Sie blickt dem Mann nach, wie er kopfschüttelnd die Treppe hinabsteigt und die Tür laut hinter sich schließt.

Engel gesucht

Rhythmisch knackte der Schnee unter den Schritten des nicht mehr ganz jungen Mannes, als der am Abend den Hang hinaufstampfte. Gerd hatte offenbar seine Kräfte überschätzt und hielt zweifelnd inne, ob er lieber wieder nach Riva hinabsteigen und den Monte Giorgio ein anderes Mal besteigen sollte. Da entdeckte er weiter oberhalb eine Blockhütte mit erleuchtetem Fenster. Er mußte mehrmals an die Tür pochen, bis er schließlich eine brüchige Stimme vernahm: „Immer nur herein!“ Der alte Einsiedler hieß ihn mit heißem Kräutertee willkommen. „Du kannst bei mir übernachten – ich bin Bruno“. Gerd war glücklich, der nächtlichen Kälte entronnen zu sein und streckte wohlig seine Glieder zum bullernden Ofen hin. Er blickte in Brunos fragenden Augen und berichtete von seinen nächtlichen Eskapaden und einsamen Wanderungen. „Du leidest offensichtlich unter dem Alleinsein“ – fand der Alte schnell heraus. „Hast Du denn keine Familie oder wenigstens eine Lebenspartnerin?“ – „Nein, aber ich bin schon seit langem auf der Suche“. „Soso, dann suchst du also eine Frau mit ganz bestimmten Eigenschaften.“ – „Ja, doch, schon“. Die heimelige Atmosphäre in der Hütte und die verständnisvollen Augen des Einsiedlers halfen ihm über seine Scheu hinweg. „Also gut, meine Lebenspartnerin sollte schon einiges mitbringen“ – er kam in Fahrt, „sie sollte also...“ Augenblick, bitte!“ –Bruno angelte sich Block und Stift aus der Schublade – „So, nun mal los! Wie soll sie sein?“ Jetzt brachen Gerds Sehnsüchte wie Wogen hervor, und der Alte notierte, wie seine Partnerin beschaffen sein sollte:

einigermaßen gesund
verspielt
musikliebend
nicht drogenabhängig
natürlich

gut aussehend
mit blondem Haar
sinnenfroh
lebensbejahend
liebesfähig
unkompliziert
kameradschaftlich
freundlich
aufopferungsvoll
lesefreudig
flugtauglich
an Tänzen interessiert
mit geregeltem Einkommen

offen für Neues im Leben

Bruno hielt alles fest, fragte dann aber etwas schelmisch: „Und Du, was bringst du denn mit an guten Eigenschaften?" Das Wippen seines Bleistiftes brachte Gerd aus dem Gleichgewicht. „Wenn ich ehrlich bin..." – „Das mußt du schon, wenn du eine fabelhafte Frau finden willst!" – „Nun, ich tanze ganz gern und hab' auch ein geregeltes Einkommen...aber sonst..." Gerd gelang es noch grade, seine Tränen zu unterdrücken. „Da bleibt eigentlich an gemeinsamen guten Eigenschaften nur die Offenheit für Neues im Leben" – „Das ist nicht gerade viel, meinte der Alte trocken. „Und auf einen wie dich soll sich also eine Frau einlassen?"

Er schob noch ein paar Holzscheite ins Feuer, das jetzt zischend aufloderte. Sein Blick fiel auf die Flammen, und er vernahm Brunos Stimme wie aus der Ferne: „Mit einem solchen Engel kannst du doch unmöglich zusammenleben!" – Dieser Gedanke arbeitete schmerzhaft in ihm, während er aus dem Fenster blickte. Die Sterne leuchteten in der klaren Nacht jetzt hell und deutlich, und auf der Fensterscheibe spiegelten sich die Flammen des Feuers als wippende Schwingen... Er richtete sich auf. Seine Stimme war heiser: „Ich glaube daran, daß dies in der Liebe möglich ist". Und mit einem Blick auf sein

Nachtlager: „Ich hoffe, daß ich ihn irgendwann finde. Ich muß ihn halt suchen, den Engel. Und er kann ja auch ganz menschliche Züge haben...vielleicht ein Engel mit kleinen Fehlern?“ Brunos Abschiedswort am nächsten Morgen gab ihm neue Hoffnung mit auf den Weg:

„Immerhin bist du ja offen für Neues im Leben!“

Enttäuschte Freundschaft

„Komm Kurt, gib mir noch ein Bier – bitte!“ Obwohl es regnet, fühlen sich die beiden Penner unter der Brücke sauwohl. Willis ausgestreckte Hand faßt die kalte Flasche, ohne daß er sich aus seiner Decke schälen muß. Er trinkt hastig einen Schluck, dann kommt endlich das „Danke, Kurt!“ – Willi lässt die leere Flasche den Uferhang hinabrollen und blickt ihr noch nach, bis sie den übrigen Unrat erreicht hat und liegen bleibt. Seit einem Jahr vegetieren die beiden Aussteiger schon unter der Kölner Rheinbrücke. Immer wieder will es Willi wissen und stupst darum die Wolldecken-Wurst neben sich an: „Sag, Kurt, egal was wir machen, du hast Moos, soviel du willst, da mußt du doch sicher nicht immer hier unter ’ner Brücke liegen- oder?“ Die Wurst aus der Wolldecke windet sich und gibt ein seriöses Seniorengesicht frei. Im schon schütteren Greisenhaar lässt der Abendwind einzelne Strähnen tanzen. Kurt kaut an irgendwas herum, vielleicht um Zeit zu gewinnen.

„Weißt du, ich rede nicht gern darüber ...“ Er blickt in das enttäuschte Gesicht Willis. Der kennt Kurt als verschwiegenen Freund und fährt fort: „Das mußt du aber für dich behalten!“ Willi nickt natürlich. Er selbst ist arm wie eine Kirchmaus und daher gespannt, wie Kurt dieses Kunststück mit den Moneten meistert. Vielleicht gelingt es ihm ja auch mal, an Geld zu geraten. Er erinnert sich an den unauffällig gekleideten Spaziergänger von der Uferpromenade, der ihm neulich für – wie sagte er noch – irgendwelche merkwürdige Informationen eine Prämie von 100 Euro versprach ...

Kurt hat sich aufgesetzt wie zu einem Vortrag: Wie sagt doch Christus: „Was nützt es dem Menschen, wenn er die ganze Welt gewinnt ...“ Er sieht die abwehrende Handbewegung Kurts und packt aus: „Also, mit Aktien und Immobilien ist es fast primitiv, Geld zu scheffeln, du mußt nur aufpassen beim Einkauf, denn da liegt der Segen.“

Willi will einhaken, da aber kommt Kurt in Fahrt: „Doch den Gewinn nimmt dir der fiese Fiskus fort. Wenn du nicht aufpaßt, dann hast du ein Problem!“ Willi weiß schon: Dann kommt so ein Kerl vom Fiskus und verlangt wer weiß was zurück. „Aber Kurt, du konntest doch sicher deinen Gewinn irgendwie verstecken?“ Willi weiß nicht, wie er Kurts Gesicht jetzt deuten soll: Ist es siegesgewiß oder traurig? „Ich habe alles gut versteckt, glaube mir, wofür gibt es Luxemburg oder die Bahamas, mein Problem ist nur: Wie kann ich jetzt verfügen über mein Vermögen, ohne daß die Fahnder vom Finanzamt Wind davon bekommen?“

Willi weiß: Hier war ein Fachmann am Werk. Keiner kann Kurts Vermögen knacken. Aber ist das richtig? Der Teufel sch... immer auf den großen Haufen! Er ist für soziale Gerechtigkeit. So bedankt er sich bei Kurt und dreht sich zur Schlafseite.

Am übernächsten Morgen ist Kurt erstaunt über den Besuch eines feinen Herrn, der im Auftrag der Finanzbehörde seine Legitimation verlangt. Kurt hat es fast erwartet.

Aber: Seine Steuern sind voll bezahlt. „Danke!“, sagt der feine Herr kurz darauf und geht. Kurt schaut kurz hinter ihm her und wickelt sich wieder in seine Wurst zurück:

„Verräter“, sagt er, „jetzt habe ich gedacht, auf meine alten Tage hätte ich noch einen richtigen Freund gefunden ...“

Beim Sexualtherapeuten

„Der Nächste bitte!“ – Zwei Menschen mit schwer einschätzbaren Alter schieben sich durch die Sprechzimmer-Tür. Der Arzt blickt über seine Lesebrille. „Bitte einzeln eintreten!“ – „Mora und Moritz, wir gehören zusammen!“ Das erkennt der Mann im weißen Kittel an ihrer Haltung. Offenbar also eine Lebenspartnerschaft oder gar ein Liebespaar. Er schiebt einen zweiten Stuhl zum Schreibtisch. „Und?“ – Moritz zieht den Blick des Arztes auf sich. „Sie sind doch Sexualtherapeut, und da haben wir gedacht ...“ Mora schiebt sich auf ihrem Stuhl nach vorn: „Wir sind seit Jahren ein Paar, aber manchmal ist mein Moritz wirklich komisch, wissen Sie ...“ – „Nein!“ Der Arzt lehnt sich zurück. „Damit kann ich nichts anfangen. Wo liegt das Problem?“ – Mora schluckt, bevor sie weiter spricht: „ Wir haben wieder ein Liebesfest feiern müssen. Moritz plant das seit Jahren immer wieder für die gleichen Tage.“ Sie merkt an seiner Haltung, wie er aufbegehren will und schweigt. Der Arzt ermuntert ihn. „Ja, wir haben tatsächlich mal vereinbart, an den Tagen, an denen wir abkömmlich sind, uns nach dem römischen Wahlspruch zu richten „zuerst das Leben, dann die Philosophie“. Andernfalls haben wir unsere Zeit schnell vertan mit fruchtlosen Diskussionen ...“ – Der Arzt nickt und ergänzt: „Und die Stimmung ist dann dahin ...“ Moritz nickt. Aber Mora wirft den Kopf zurück und streicht sich übers Haar. Die wenigen grauen Fäden sind jetzt nicht mehr sichtbar. „Ihr Männer müßt doch einsehen, daß man Liebe nicht nach einem Programm planen kann – etwa nach dem Motto Luthers ‚In der Woche zwier schadet weder ihm noch ihr‘.“ Das Nicken des Arztes macht Mora noch mehr Mut. „Zuneigung und Liebe müssen doch ganz von selbst und allmählich wachsen, da kann man doch keinen Zeitpunkt festlegen!“ Nun fühlt sich Moritz in die Enge getrieben. „Wenn wir alles dem Zufall überlassen, ist meist kaum Zeit für ein richtiges Liebesfest – so mit Vor- und Nachspiel. Das kann auch nicht gut sein!“ Der Arzt nickt wieder und tippt mit dem Finger in Richtung Moritz. „Wenn Sie sich nun an den Besuchstagen auf den Austausch von Zärtlichkeiten beschränken würden? Dann könnten Sie beide sowohl die Maxime „zuerst das Leben, dann die Philosophie“ verwirklichen als auch dem Erblühen und Wachsen eurer Liebe gerecht werden. Ich denke da an Goethes Spruch:

‚Alles fügt sich und erfüllt sich,
mußt es nur erwarten können,
mußt dem Werden deines Glückes
Zeit und Muße reichlich gönnen.‘

Moritz atmet erleichtert auf. „Genau das will ich doch schon immer!“ – Ehe er sich weiter erklären kann, fällt Mora ihm ins Wort: „Na prima, endlich!“ Ihre Sie streift ihren Rock glatt und blickt auf ihre Schuhe. „Und warum ist beim letzten Mal alles schiefgelaufen?“ Der Arzt schaut empor. Jetzt wird es für ihn fachlich interessant. Ermunternd nickt er Mora zu. Die legt los, ohne Rücksicht auf Verluste: „Vorigen Freitag hatte ich nämlich überhaupt keine Lust auf Sex! Ich weiß wirklich nicht, ob das so weitergehen kann mit uns!“ Jetzt aber sprühen die Augen von Moritz Feuer. „Weißt du überhaupt, daß es auch mir an diesem Tag ziemlich mies ging, daß mich Schüttelfrost plagte und daß auch ich am liebsten ...“ – Mora fällt aus allen Wolken. „Und warum sagst du das nicht vorher?“

Der Therapeut lehnt sich zurück. Offenbar finden die beiden ihren Weg durch den Gedankenaustausch selbst. Moritz will sich rechtfertigen. „Bereits unterwegs hab’ ich dich gefragt, was wir heute tun sollen, und da du immer wieder ausgewichen bist, habe ich dies am Tisch immer wieder zur Sprache gebracht.“ Der Arzt mustert nun Mora, die sich aufrichtet: „Ich habe immer gesagt, ‚wie du meinst‘, ich wollte dir den Tag nicht verderben.“ Für diesen Satz erntet sie von Moritz einen dankbaren Blick. Dennoch redet der weiter: „Als ich fragte, ob ich mein Stärkungsmittel nehmen sollte, bist du auch zunächst ausgewichen, hast mir dann aber ein Glas Wasser dazu angeboten.“ – „Einvernehmliches Handeln also“, meint der Arzt und fährt auf die fragenden Blicke der beiden fort: „Zustimmung durch Handeln.“ Der Therapeut bemerkt Moras Stirnrunzeln. Um fair und neutral zu bleiben, muß er die Wünsche der beiden, die im Grunde ja sowieso in die gleiche Richtung zielen, kanalisieren. „Hört mal, ihr beiden. Wir reden hier von zweierlei Dingen, die ihr bitte nicht verwechseln solltet: Erstens ist da euer Lebens- und Liebesprinzip. Das finde ich prima und für den Alltag passend. Daneben aber und zweitens gibt es die ständig wechselnde, naturbedingte Befindlichkeit, die zudem noch bei jedem von euch durchaus nicht parallel verlaufen muß. Hier sind Kompromisse gefragt, die von jedem von euch je nach Situation zu akzeptieren oder auch mal abzulehnen sind. Wenn ihr zusammenbleiben wollt, muß jeder von euch beiden das mal hinnehmen.“

Er sieht, wie sich die Partner umarmen und beide eine Träne wegtupfen und fährt fort: „Daß dies in Zukunft klappen wird, habt ihr ja bereits bewiesen, als sich jeder von euch neulich für den andern geopfert hat. Eine solche Hingabe ist sicher nicht immer nötig, zeigt mir aber, daß eure Beziehung eine sichere Zukunft hat!“

„Schönen Dank und auf Wiedersehen!“, hauchen die beiden auf dem Flur beim Abschied. „Das wird kaum nötig sein“, meint trocken der Therapeut.

Bitte um Kraft

Gütiger Gott, du hast mir
einen gesunden Körper verliehen.
Ich danke dir, daß ich mit meinen Sinnen
deine herrliche Schöpfung,
die mich ständig umgibt,
erkennen und genießen kann.
Allmächtiger, du gebietest über alle Elemente
und über das gesamte Universum.
Demütig sinke ich nieder vor dir
und preise deine Macht und Herrlichkeit.
Lieber Gott-Vater, liebe Gott-Mutter,
Du kennst deine Kinder und deren Schwächen.
Du weißt, worunter wir leiden. Schenke uns,
was wir am nötigsten brauchen.
Großer Gott, Schöpfer des Universums,
durch meine Seele wurde ich
als dein Ebenbild erschaffen,
hilf mir, dieses Geschenk zu genießen,
mich vor Süchten zu bewahren
und dabei auch anderen zu helfen

Böse Geister

Der Großstadtlärm scheint das Liebespaar, das auf meiner Bank Platz genommen hat, nicht zu stören. „Mein größter Schatz auf Erden … noch mehr Liebe … noch mehr Glück …“ Schöne Töne fliegen da an meinem Ohr als Wortfetzen vorbei. Ich strecke meine schmerzenden Beine aus und döse so vor mich hin. Da meine ich aus dem Gebüsch hinter mir noch andere, geisterhafte Stimmen zu vernehmen. „Sieh nur, wie die zwei sich wieder zuraunen“, sagt die erste. „Widerlich, aber was können wir dagegen tun?“, klagt die zweite Stimme. „Vielleicht könnte ja einer der beiden an Aids sterben, immerhin hat das Mädchen ja manchmal den Partner gewechselt.“ – „Damit erreichen wir das Gegenteil, denn dann wird die Liebe des Mannes den Tod des Mädchens überdauern, und außerdem macht das der Chef nicht mit“, gibt die andere Stimme zu bedenken. „Viel wirksamer ist, wenn sich die beiden von alleine trennen!“ – „Das wäre wohl das Beste. Aber, zum Teufel, wie soll das klappen?“ – „Nun, durch Haß vielleicht, oder nein, besser noch durch Gleichgültigkeit – ja, erinnere dich doch, wie oft wir damit schon Erfolg hatten!“ – „Gut, dann müssen wir also diese Liebe durch irgendwas, vielleicht Materielles, ersetzen. Etwas, das neue Treffen bei den beiden überflüssig macht.“ – „Richtig, wir sind doch in einer Großstadt. Da gibt es doch spezielle Läden für Liebeszubehör oder dergleichen – als Ersatz für die körperliche Liebe.“ „Das reicht vorerst, denn wenn wie diese eliminieren, geht meist alles andere dabei auch drauf.“ – „Gut, versuchen wir’s. Aber wie kriegen wir die beiden, oder wenigstens einen von ihnen, in einen solchen Laden?“ – „Ganz einfach, durch ihre angeborene und von uns vermehrte Unzufriedenheit. Da hat sich bei den Menschen seit Adam und Eva nichts geändert. Gerade höre ich, wie er sein Mädchen fragt, ob es wirklich restlos glücklich sei mit ihm, und ich bin dabei, ein paar Gedanken von uns einzustreuen.“ – „Und was sagt sie?“ – „Doch, ja…“, hat das Weib ein wenig gedehnt geflüstert. Vielleicht verspricht sie sich von ihm für die Zukunft ein bißchen mehr Fingerspitzengefühl. Jedenfalls lässt ihm der jetzige Status keine Ruhe, und er ist schon unterwegs in Richtung Sex-Shop. „Prima, dann bleib weiter dran bei seinen Gedanken, es gibt ja allerlei mechanisches Liebeszubehör, sogar batteriebetriebenes!“

Ich blicke noch kurz das sitzengebliebene Mädchen von der Seite an und stehe auf.

Die Abendsonne hat ihren letzten Schein verloren, und ich meide auf meinem Heimweg die nun hell erleuchteten Geschäftslokale. Vielleicht wird mir daheim ein Schnaps guttun, um den bitteren Geschmack in meinem Mund wieder loszuwerden …

Christkindl-Markt

Immer dichter fallen die Schneeflocken auf den Nürnberger Marktplatz. Aufgehalten von den hin und her schiebenden Menschen gelangen nur wenige auf den Boden, wo sie sogleich ihr kurzes Leben aushauchen. „Holder Knabe im lockigen Haar", dröhnt es aus Lautsprechern. Ein junger Reporter zwängt sich mit vorgeschobener Schulter durch das dichte Menschengedränge. Drei dicke Damen stoppen ihn, und er folgt ihren Blicken. Ach ja, das Christkind; aber kein Knabe, sondern ein vollbusiges Mädchen im lockigen Haar präsentiert sich drüben auf der Bühne. Der Reporter wendet sich einem mit vollen Plastiktüten beladenen Paar zu und hält ihnen sein Mikrofon entgegen, „Hallo – Ja Sie – sagen bitte, was haben Sie da heute für Ihre Lieben eingekauft?" – „Keine Zeit." Die beiden schieben weiter und ziehen ein quengeliges Kind hinter sich her. Da kommt ein redseliger Mann aus dem Glühweinbüdchen auf ihn zu. „Ich kann dir wat erzählen. Haste mal nen Euro?" Unser Reporter wendet sich ab und wäre dabei beinahe in eine Rotweinpfütze getreten. Da entdeckt er ein junges Paar, das zielstrebig den Marktplatz überquert, offensichtlich ohne etwas eingekauft zu haben. „Darf ich auch Sie fragen, was Sie hier suchen? Sie haben wohl noch nichts Passendes gefunden?" Die beiden bleiben stehen. „Wir haben allerdings auch nichts gesucht hier", sagt der Mann freundlich. – „Ach, Sie haben anscheinend kein Geld für Weihnachtseinkäufe, das ist natürlich schade", meint der Reporter. „Doch", sagt die Frau, „Geld hätten wir schon, wir sparen nämlich für eine neue Wohnung." – „Und was tun Sie dann hier, bitte schön?" – „Wir nehmen den Marktplatz als Abkürzung für unseren Kirchgang." – Die jungen Leute gehen weiter, und unser Reporter folgt ihnen neugierig mit vorgehaltenem Mikrofon. „Aber dann werden Sie doch irgendwie Weihnachten feiern wollen und Geschenke brauchen, oder?" – „Ja, doch, sicher" – Beide nicken belustigt, und der Mann erklärt: „Wir schenken uns gegenseitige Zuwendung, es ist ja schließlich das Fest der Liebe." Der Reporter wischt sich ein paar Schneeflocken aus den Augen. „Haben Sie Kinder?" – „Ja, eins", sagt die Mutter. Zurzeit liest Oma unserem Thomas zu Hause Geschichten vor. Er bekommt etwas Gebasteltes, und daran darf er selbst mitwirken. Unser gemeinsames Motto lautet: „Unsere Geschenke sollen Dinge sein, die man nirgendwo kaufen kann." – Sie sind an der Kirchentür angelangt. Vom Christkindl-Markt dringt noch schwach der Verkaufslärm herüber. Die Lautsprecher verkünden: „Morgen kommt der Weihnachtsmann." Der Reporter erinnert sich an die Erfindung des Weihnachtsmannes durch die Firma Coca Cola. Er ist irritiert. Nachdem er sich bei beiden Befragten bedankt hat, wendet es sich zum Gehen. Dann aber besinnt er sich und folgt dem Paar in die Kirche hinein. Dort drinnen haben seine Gedanken offenbar eine andere Richtung erhalten. Jedenfalls murmelt er später auf dem Heimweg: „Irgend etwas von diesem Fest muß ich falsch verstanden haben."

Das alte Paar

Nenne mir, Muse, den Mann, den betagten,
zeig mir den vielgereisten, der vieles erduldet,
der dennoch mehr Freude erfuhr als alle ihr Götter,
weil immer der Liebe er frönte trotz allen Leids!

Er ist's, den alle verachten,
weil er die Sitten verschmähte,
die ewig und immer allen gerecht sind.
Drum straft' ihn das Volk
mit Spott und Verachtung, und nimmt ihm das,
was er mühsam im Leben erwarb.

Schlimmes erleiden muß er, auch wohl sogar sterben.
Doch Reue zeigte er nicht, nicht mal im Elend.
Er bleibt bei der Liebsten und sonnt sich in ihrem Lachen.
Heimlich treffen sie sich
und schenken sich Freude für immer.

Sage mir also, Muse, was könnten die beiden
Besseres tun, auch wenn sie verbannt sind, als lieben?
Gibt es ein höheres Glück allem and'ren zum Trotz?

Das Krankenhaus

Helle Fenster weisen zum Park hinaus.
Die Sonne steht über dem Krankenhaus.
Drinnen die Flure, lang und schmal,
da muß ich durch, hab' keine Wahl.

Geschäftige Schwestern, der Warteraum voll,
vier Formulare! Weiß nicht, was das soll.
Endlich im Arztraum, sauber und hell,
da kommt schon der Doktor, freundlich und schnell.

Man merkt, er ist eilig, doch nimmt er sich Zeit,
stellt Fragen, nennt Risiken, von Angst mich befreit.
Zum Röntgen soll ich und zum EKG,
dann Blutentnahme, das tut ja nicht weh.

Am folgenden Morgen dann endlich der Schnitt,
ganz tief ins Gewebe, daß dies wieder fit
Kein böses Erwachen, Herr Dr. Kuhn konnte helfen,
Ums Bett schweben Schwestern, himmlisch wie Elfen.

Zu Hause nun soll ich so mancherlei meiden.
Von wegen geheilt – geht das weiter, das Leiden?
Doch macht mich mein Leiden nun nicht mehr verrückt,
fortan bin vom Leben ich wieder entzückt!

Ich kann wieder ruh'n – Dank Doktor Kuhn

Deine Seele

Kein stilles Wasser bist du, nein!
Wie groß nun mag deine Seele sein?

Ist sie ein See oder ein Meer?
Für mich ist es schwer,
deine Tiefe zu kennen.
Drum will ich rennen,

zu tauchen hinab –
und sei es mein Grab.

Die Müh' hat gelohnt:
Das Meer ist bewohnt

von dir !

Deine Seele: So groß!
Was mache ich bloß?
Was schenke ich dir?

Ich bleibe bei dir!

Der Anrufbeantworter

„Hallo, Herr Doktor, hören Sie mal ... Was? ... Wo?" Der alte Sepp klopft auf den Hörer und hält ihn wieder ans Ohr. „Ach ja, da sind Sie ja. Was ist? Wer spricht? Ein Anrufbeantworter? ... Hören Sie bitte mal zu! ... Nein, keinen Signalton, den brauche ich nicht. Also, Herr Doktor ... Jetzt darf ich Sie mal fragen ... wegen der Pillen, die Sie mir gegeben haben, waren das die blauen in dem grünen Döschen? Da steht, ‚wenn vom Arzt nicht anders verordnet' – Ja, das weiß ich aber nicht mehr so genau. – Soll ich nun die weißen aus dem grünen Döschen nehmen oder blauen aus dem weißen Döschen, die ich auch noch im Schrank gefunden habe ...? Sie sagen ja nichts. Vielleicht wissen Sie es also auch nicht mehr so genau. Passen Sie auf. Ich bin der alte Sepp von der Piddelbornsmühle ... ja ... schauen Sie mal nach ... Sie haben das doch irgendwo aufgeschrieben ... nicht? ... Gut, und dann rufen Sie mich am besten an, ja? ... Ja! Ich bin zu Hause, den ganzen Tag – extra für Ihren Anrufbeantworter!"

Erschöpft sinkt Sepp in die Sofakissen zurück und genehmigt sich ein paar Bierchen.

Er befühlt seine Stirn und stellt fest, daß diese heiß ist, zu heiß. Das ist die Krankheit, die der Doktor gefunden hat. Und die ist bestimmt schlimm, denkt der Sepp. Und wenn er nicht bald die richtige Medizin nimmt, wird die Krankheit vielleicht richtig gefährlich. Er hat nun schon eine ganze Weile seinen Telefonapparat angeschaut und schüttelt enttäuscht den Kopf. Dann greift er nach einer weiteren Viertelstunde wieder entschlossen zum Hörer. Sein Tonfall wird drastischer: „Also, Herr Doktor ..." „Wer ist da?" „Ich will aber sofort mit dem Doktor sprechen. Gut, Anrufbeantworter, dann sagen Sie ihm das, aber sofort, bitte! Ja, ich gebe ihm hiermit ein Signal! ... Also, werter Herr Doktor. Hier ist noch mal der Sepp. Ich bin Ihr geduldiger Patient, aber Sie haben mir verdammt noch immer keinen Bescheid gegeben. Mir wird immer mulmiger. Sie haben mich doch krankgeschrieben und auch gesagt, was für Tabletten ich schlucken muß, und natürlich auch, wie viele von denen. Wenn Sie jetzt nicht sofort antworten, weiß ich nicht, was ich schlucken soll! ... Ich warte!"

Sepp sinkt wieder in die Kissen zurück und genehmigt sich ein paar Schnäpschen, um sich zu beruhigen. Als sich aber das Telefon auch nach einer weiteren Viertelstunde nicht rührt, wischt er sich den Schweiß von der Stirn, reißt den Hörer von der Gabel und schreit: „Nein, jetzt hören Sie mir mal zu, Doktor! Ich habe jetzt noch immer nichts von Ihnen gehört, obwohl ich Ihrem Anrufapparat alles genau erklärt habe. Ihr Gerät taugt nichts! Wenn Sie jetzt nicht in fünf Minuten antworten und mir sagen, was ich schlucken soll, dann nehme ich einfach vier von den blauen Tabletten – ich muß nämlich bald kotzen – und zwar auf Ihre Verantwortung! Das war noch mal der Sepp – und tschüß!"

Aber schon nach weiteren fünf Minuten reißt dem Sepp endgültig der Geduldsfaden. Er atmet tief durch und sagt dem Anrufbeantworter ganz ruhig: „Sie brauchen überhaupt nicht mehr zu kommen, Doktor. Ich wechsele den Arzt, und meine Tür bleibt für Sie verschlossen!! – Ende!"

Als man später den schon scheintoten Sepp hinausträgt, kommt Emma vom Einkauf gerade zurück. Den herbeigeeilten Doktor aber schreit sie an: „Wenn mein Sepp abnibbelt, tragen Sie die Verantwortung!"

Der Egoist

Er denkt nur an sich, daß ihm ja alles glückt.
Die halbe Welt macht er damit verrückt,
daß alle sollen sich mit ihm nur freuen.
Was immer sie tun, es soll keinen gereuen.

Zwar ist er reich, doch Geld schenkt er nicht;
Nein, Denken und Arbeit seien jedermanns Pflicht.
So lautet sein Wahlspruch seit vielen Jahren.
Damit ist ja schon Pestalozzi gefahren.

Hilfe zu Selbsthilfe sollt ihr euch geben,
so könnt ihr die Freude beim Angeln erleben
und braucht euch nicht vor den andern verrenken,
daß die euch lassen die Fische verschenken!

Wer diesem Rat folgt, hat langfristig Glück.
Er kommt täglich weiter, Stück für Stück
und freut sich mit ihm für den guten Rat,
denn fortan schreitet er selber zur Tat.

Egoist soll der sein?
Niemals nicht! – Nein!

Der Gärtner von San Grato

Einst lebte oberhalb des Luganer Sees ein Gärtner namens Giuseppe. Er war so gewissenhaft, daß der Gemeinderat ihm die Aufsicht und Betreuung des botanischen Gartens San Grato anvertraute. Noch heute wird die wundervolle Artenvielfalt der Rhododendren und Azaleen von vielen Fremden bewundert. Der Gärtner Giuseppe aber war nicht nur wegen seines grünen Daumens berühmt, sondern auch wegen seiner hervorragenden Menschenkenntnis und seines außerordentlichen Einfühlungsvermögens. „Menschenkinder sind untereinander so verschieden wie Pflanzen und brauchen daher auch unterschiedliche Standorte und Betreuung!", meinte er, wenn Leute ihn um seine Meinung fragten. Das sagte er auch dem betagten Elternpaar Schubert, das ihn um seine Meinung ersuchte: „Unser Richard wird bald 25 und ist ein Bäcker mit beachtlichem Lohn. Seit Jahren nun geht er schon mit der Greta, einem Mädchen aus gutem Hause. Er kann sich aber immer noch nicht entschließen, sie zu heiraten." Traurig schwieg der Vater, und die Mutter fügte bekümmert hinzu: „Die Beziehung wird wohl bald zerbrechen!" Giuseppe legte den Spaten aus der Hand. „Wie oft treffen sich die beiden?" – „Daran kann es nicht liegen", meinte die Mutter, „sie treffen sich unregelmäßig mehrmals in der Woche." Giuseppe lächelte verschmitzt: „Und ob! – Sorgt mal dafür, daß die beiden sich nur selten sehen können, sagen wir mal: ein- oder zweimal die Woche, und zwar ausschließlich an vorher festgesetzten Tagen!" Etwas enttäuscht zogen die Eltern ab, wunderten sich aber dann nach einigen Wochen doch sehr, daß die beiden jungen Menschen wieder zueinander fanden, bald heirateten und sogar glücklich wurden.

Ein andermal wiederum wollte ein enttäuschter Ehemann wissen, wie er seine Frau, die ihm davonlief, zurückerobern könnte. „Gerda geht regelmäßig fremd!", klagte Egon dem Gärtner Giuseppe. Der legte seinen Spaten wieder aus der Hand und fragte nur: „Wie oft trifft sie sich denn mit ihrem Liebhaber?“ – „Daran kann es kaum liegen, die beiden treffen sich höchstens ein- oder zweimal im Monat“, erklärte Egon. Giuseppe lächelte wieder verschmitzt: „Und ob! – Laßt die beiden sich treffen, sooft sie wollen, sie mögen sogar zusammenziehen.“ Enttäuscht zog der Ehemann ab, wunderte sich jedoch nach einigen Wochen sehr, daß seine Gerda zu ihm zurückkam, nachdem sie die Fehler ihres neuen Freundes kennengelernt hatte und des grauen Alltags mit ihm überdrüssig geworden war.

Später soll der Dorfpfarrer den Gärtner wegen Anstiftung zum Ehebruch zur Rede gestellt haben. Seine Antwort: „Wenn aus einer neuen Beziehung Liebe erwächst, kann auch der Kirchenbann daran nichts ändern, da Liebe bekanntlich ein Geschenk Gottes ist.“

Der kranke Arzt

Tüüüt – Ein langgezogener Dauerton aus dem Computer signalisiert dem Ärzteteam im OP-Saal den Exitus des Patienten. Für den Chefchirurg Dr. Rohling ist das heute Vormittag bereits die vierte von acht Operationen, die danebenging. Aber als er den Atemschutz abnimmt, verrät sein Gesicht keinerlei Betrübnis. „Schwester, notieren Sie den Zeitpunkt des Exitus und veranlassen Sie alles Weitere!" – „So eine kalte Schnauze!", murmelt die neue Praktikantin, während sie die Verkabelung vom Leichnam löst. Sie muß den Raum für den nächsten „Fall" herrichten. Dr. Rohling ist derweilen schon mit seinem Team im OP-Saal nebenan bei der Arbeit. Er schaut kurz auf ein Röntgenbild. „Aha, der linke Lungenflügel", meint er gutgelaunt und wirft seiner Assistentin einen triumphierenden Blick zu. Diese schiebt ihre Zigarettenschachtel schnell tiefer in ihren Kittel. Sie möchte die Predigt über die „Tödliche Gefährdung durch Rauchen" nicht noch mal hören. Zielsicher und beinahe fröhlich setzt der Arzt den ersten Schnitt. Als er nach der Thorax-Klammer verlangt, erhält er ein Zeichen, er möge dringend ein Telefonat annehmen. Danach aber stürzt er mit den Worten „Übernehmen Sie, Frau Kollegin!" aus dem Raum und bleibt für den Rest des Vormittags verschwunden. Irgendwann finden ihn die Kollegen auf der „Inneren", wo er teilnahmslos in seinem Erste-Klasse-Bett liegt. Ein Hinterwand-Infarkt hat die Arzt-Karriere offenbar schnell beendet. Die Kollegin kann es nicht fassen, daß der Mann sich so aufregen konnte, bloß weil seine neue Freundin bereits in der Früh mit unbekanntem Ziel verreist ist ...

Der rüstige Kurgast

„Schau mal, wie der Alte dort hinter seiner Jugend her rennt!“ Auf der Bank im Park stoßen sich die Kurgäste belustigt an. Sie blicken hinter einem sportlich gekleideten Senior her, der mit raumgreifenden Sätzen den Kiesweg unter die Füße nimmt. Dagobert kam heute mit dem Frühzug, hat sich im Kurhaus schnell umgezogen und ist nach einem Blick auf seine Armbanduhr hinaus in den Park geprescht. Er erinnert sich an seine Reiselektüre, die „Kraft des positiven Denkens“, die er im D-Zug verschlungen hat, und seine Füße nehmen den Sprechrhythmus beim Laufen auf: „Ich fühl mich fit, so soll es ein, ich fühl mich fit, so soll es ein ...“ Noch dreimal wird er den Ententeich umrunden und dabei den trägen Spaziergängern ausweichen, dann gönnt er sich ein großes Biofrühstück mit frischen Kräutern und vielen Früchten. „Zeit ist kostbar!“, sagt er sich beim Kauen des reichhaltigen Müslis und studiert später beim Rauchen die vielfältigen Prospekte der Kurverwaltung.

Ein Blick auf die Uhr erinnert ihn plötzlich an seinen Termin beim Kurarzt. Mit einem Schluck heißen Kräutertee spült er den letzten Bissen hinunter und eilt die Treppe hinauf zum Sprechzimmer. Der alte Arzt ist in Eile, hat er doch heute neunzehn Neuzugänge zu untersuchen. Erfreut mustert er den braungebrannten, leider etwas dickleibigen Körper seines neuen Patienten und klopft ihn ab. „Na, wie geht's uns denn?“ – Der Kurgast schaut sich vergebens nach einem Aschenbecher um: „Doch, eigentlich fühle ich mich ganz fit, Herr Doktor; nur neulich, als ich nach der Frühschicht meinem Nachbarn beim Tapezieren geholfen hab, da war ich einfach zu müde für mein anschließendes Krafttraining im Fitneß-Center. Die paar Bierchen, die ich beim Nachbarn gezwitschert habe, können daran doch nicht schuld sein. Bitte helfen Sie mir!“ – Der Arzt zückt unschlüssig seinen Notizblock, als der Kurgast eine leere Schachtel hervorkramt. „Herr Doktor, diese blauen Pillen habe ich im

Fitneß-Center bekommen. Damit bin ich immer schnell wieder fit. Kann ich die verschrieben kriegen?" Der Doktor legt den Block wieder weg. „Nein, vorerst keine Anabolika, mein Herr, treiben Sie lieber Sport, laufen Sie, wandern Sie durch unsere schöne Berggegend, nutzen Sie unser neues Hallenbad und nehmen Sie auch öfter teil an unserem vielfältigen Kulturangebot!"

Draußen denkt er, daß der Doktor ja recht damit hat, wenn er nur durch die Natur gesunden soll, und zündet sich wieder eine Bio-Zigarette an. Dann schnappt er sich noch einmal die Kur-Infos und erstellt einen genauen Tagesplan. Schon vom nächsten Tag an beginnt er, die Angebote – dicht nacheinander – abzuarbeiten: Trimm-Trab, Wandern, Schwimmen und Kletterpartien wechseln ab mit Disko-Besuchen, Skatrunden und Vorträgen über gesunde Lebensführung. Und auch in den schlaflosen Nächten kreisen seine Gedanken immer wieder um die Verbesserung dieser Lebensführung. Von morgen ab wird er die Kur-Angebote noch intensiver wahrnehmen und durchtrainieren, denkt er.

Leider ist Mutter Natur anderer Meinung: In der Tageszeitung des Kurortes erscheint nach einer Woche unter „Verschiedenes" die Notiz: „Unerwartet verschied gestern ein noch recht rüstiger Kurgast."

Zu dessen plötzlichem Herzinfarkt wollte der behandelnde Kurarzt jedoch keine Stellung nehmen!

Der „Schöpfer“

Mauritius, der Internatsschüler eines Jesuitenkollegs, zieht sich während des Aloisiusfestes in den Werkraum zurück. Er hat neulich unter dem Vorwand eines Friseurbesuches ein nettes Mädchen kennengelernt, das er nun nicht mehr vergessen und vorerst auch nicht wiedersehen kann. Während draußen also das Fest zu Ehren des heiligen Aloisius in vollem Gange ist, sitzt er im Werkraum und genießt in seiner Erinnerung das Bild seiner Freundin Mora. Dabei fällt sein Blick auf die Kiste mit dem Tonmaterial, und spontan begibt er sich ans Kneten. Nach einigen Fehlversuchen formt sich unter seinen Händen zu seinem größten Entzücken tatsächlich die Figur seiner Angebeteten, so wie Gott sie erschaffen haben mag. Nun selbst Schöpfer zu sein, spornt ihn immer mehr an, und so hat er gegen Abend eine süße kleine Venus geschaffen. Er nennt sie „seine „Venus“ und ist ganz verliebt in die schöne Gestalt.

Als es zum Abendgebet läutet, versteckt er seine „Schöpfung“ und mischt sich unauffällig wieder unter seine Mitschüler. In der Nacht aber kann er nicht schlafen.

Er muß immer wieder an sein Geschöpf im Werkraum denken. Und so schleicht er sich mitten in der Nacht wieder nach unten und holt seine Figur aus dem Versteck hervor. Er fühlt, wie seine Liebe wächst, er umarmt sein Mädchen aus Ton, er küßt es, er preßt es immer fester an sich – und leider zerbricht es unter seinen Händen, denn der Ton war ja noch nicht gebrannt.

Seitdem blieb Mauritius unauffindbar. Einige sagen, er sei ins Ausland geflohen, andere glauben, er habe sich ins Meer gestürzt ...

Der Souverän

„Hallo, Britta, du siehst blaß aus. Hast du dich geärgert oder bist du krank?" – „So ähnlich, ich komme gerade von meinem Hausarzt. Der will mir doch tatsächlich seine Heilung überstülpen und mein Leben total umstellen, was meine Eß- und Trink- und wohl auch meine Rauchgewohnheiten angeht!" – „Na klar! Dafür wird er doch bezahlt. Du mußt dich natürlich auch beraten und dir helfen lassen, sonst kannst du es ganz bleiben lassen!" – „Genau das habe ich für mich beschlossen!" – Brittas Augen sprühen Feuer. „Ich will so bleiben, wie ich bin und meinen Weg allein bestimmen!" – Freundin Ida ist sprachlos.

„Mit allen Risiken?" – „Jawohl, ich will nicht länger fremdbestimmt sein und lieber alles für mich allein entscheiden – vielleicht nach Rücksprache mit meiner tüchtigen Tochter ..." – Ida ist enttäuscht. Ihre letzten Worte will Britta aber nicht mehr hören: „Wie du willst, aber dann komme mir nicht wieder nächste Woche mit deinen Atem- und Angstproblemen! – Jeder ist seines Glückes Schmied!"

Aber natürlich bekommt Britta dies nicht mehr mit.

Eigentlich schade, denn sie ist ein wertvoller Mensch, aber sie ist ja der Souverän!

Der Sturm

Nur ausruhen wollt' ich in deinen Armen,
Du hattest mit meinem Kummer Erbarmen.
So lagen wir lange reglos im Gras,
sodaß ich bald alles Leid vergaß.

Dein Haar nun kräuselte leicht ein Wind,
und mit ihm wuchs meine Sehnsucht geschwind.
Bald brach ein Sturm dann über uns her.
Unsre Körper bebten mehr und mehr.

Und zum Orkan wuchs der Sturm heran.
Wild hielt die Liebe und uns dann im Bann.
Er tobte – wir tobten – die Welt verschwamm,
und irgendwann lagen wir beide dann –

glücklich und naß in der Regenlache.
Wir blickten umher – es verschlug uns die Sprache.
Wir empfanden den Sturm als unseren Retter
Und sprachen nie mehr vom „schlechten Wetter"!

Der Tanzlehrer

oder

Vom rechten Zeitpunkt

Ein geräumiger Platz mit einem riesigen Baum am Ufer eines großen, von Bergen umrahmten Sees. Zwei Männer mit beachtlichem Altersunterschied kommen – während sie miteinander reden – am Ufer entlang. Der gestikulierende Jüngere sucht offenbar unschlüssig einen Ruheplatz, der Ältere geht zielstrebig auf den großen Baum zu und setzt sich – mit dem Rücken an den Stamm gelehnt und mit Blick auf den See – nieder.

Der Jüngere hockt sich zu seinen Füßen.

Der Jüngere (heiter): Da hast du ja den richtigen Platz für Meditationstänze gefunden!

Der Ältere (ruhig): Ich habe mich nur von der Kraft dieses Ortes leiten lassen! – Aber nun zu dir: Bei unserem gestrigen Gespräch gewann ich den Eindruck, daß du tatsächlich an die Heilkraft der Meditationstänze glaubst und sie auch sinnvoll einsetzt. Jetzt sag, warum willst du eigentlich Lehrer für diese Art von Tänzen werden? Willst du dir vielleicht ein Zubrot verdienen?

Der Jüngere (zunächst verlegen, dann immer selbstsicherer): Nun ja, ich hab' doch längst von dir gelernt, wie ich mit dieser Heilkraft Menschen helfen und vielleicht heilen kann, wenn ich die Technik der Eurythmie und die alten überlieferten Zeichen und Symbole der Bewegungssprache nutze. Auch der Energieaustausch und die Freude im Kreis Gleichgesinnter sind für mich immer wieder eine Bestätigung meiner Arbeit. Soll ich mich also nicht freuen, wenn mir meine Patienten und später auch meine Schüler dankbar sind für mein segensreiches Wirken?

Der Ältere (schmunzelnd): Nun, wenn Menschen dich aus Dankbarkeit beschenken wollen, nimm ihre Gaben ruhig an.

Sie sind ja auch eine Form der Energie, über deren Kreislauf wir ja schon oft geredet haben. Aber du scheinst offenbar immer noch zu glauben, du könntest die Heilkraft nach deinem Belieben einsetzen und somit für dein Heilswirken eine Gegenleistung erwarten!

Der Jüngere (erstaunt): Allerdings, so ähnlich dachte ich mir das.

Der Ältere (entrüstet den Kopf schüttelnd): Nein! Erinnere dich: Wir sind doch nur unvollkommene Ausformungen dieser göttlichen Bewegung! Der Geist weht, wohin er will. Der Titel „Tanzlehrer" oder „Meistertänzer" ist irreführend. Christus sagt zu Recht: Ihr sollt niemanden Meister nennen als euren Vater im Himmel! Er fährt nach einer kleinen Pause fort: „An der rechten Demut, mein Freund, müssen wir arbeiten, gerade, wenn wir erfolgreich sind!" Der Jüngere (sich ereifernd): „Aber Christus sagt auch: Gehet hinaus in alle Welt und lehret alle Völker.(Matth.28,19) ... und bei Paulus steht: Verkünde das Wort, sei es nun gelegen oder ungelegen! (2Tim4,2). Wenn ich also überzeugt bin von dieser guten Lehre, soll und muß ich sie dann nicht – notfalls auch gegen jeglichen törichten Widerstand mit aller Kraft durchsetzen?

Der Ältere (steht auf und blickt mißbilligend den Jüngeren an): „Merkst du denn nicht, daß wir jetzt in den Bereich der Gewalt geraten? Zeigt die Geschichte uns nicht genug Beispiele solcher Missionierungen? Und ist es denn von hier nicht wirklich nur noch ein Schritt bis zur Verbreitung des eigenen Glaubens mit Feuer und Schwert?"

Der Jüngere (schwankend zwischen Ungeduld und Resignation): „Lange habe ich über die heilende Kraft dieses allmächtigen Geistes nachgedacht, und jetzt drängen mich meine Gedanken mehr und mehr nach Verbreitung dieser guten und richtigen Lehre!"

Der Ältere (setzt sich wieder und legt freundschaftlich seinen Arm um die Schultern des Jüngeren): „Nun, wenn du schon die christliche Lehre heranziehen willst, dann lies einmal nach, was Paulus über die Liebe sagt: Sie ist gütig, sie verzeiht alles, duldet alles usw. (1Kor.13, 7). Übertragen auf den Heiltanz kann dies doch nur bedeuten, still zu werden und demütig den rechten Zeitpunkt abzuwarten, wann der Leidende nach deiner Hilfe verlangt, nicht um ihn dann etwa zu therapieren, sondern um ihm zu zeigen, wie er sich selbst helfen kann, ihm also, frei nach dem Spruch des Erziehers Pestalozzi, Hilfe zur Selbsthilfe zu geben. Dann erst zeige ihm, wie er sich bewegen muß, wenn er etwas bewegen will!“Der Jüngere: (unschlüssig): „Wie aber soll ich wissen, wann für mich der rechte Zeitpunkt zum Lehren gekommen ist?“

Der Ältere: (wendet sich abrupt und entschlossen zum Gehen): „Komm wieder, wenn du das Gefühl dafür selbst gefunden hast!“ Als er das traurige Antlitz des Jüngeren sieht, greift er in seine Tasche und zieht ein vergilbtes Stück Pergament hervor: „Hier ist mein Leitspruch! Nimm ihn – und lebe danach!“ Während er nach links davon schreitet, liest der Jüngere den Spruch immer wieder laut vor, um ihn sich einzuprägen und schreitet im Rhythmus dieses Satzes nach rechts davon:

„Laß es nicht beim gedachten Geist – tanze ihn, bis du sein Wesen geworden!“

Die Grabpflege

In der italienischen Schweiz liegt am südlichen Ufer des Luganer Sees der Kurort Riva San Vitale, ein bereits seit vorgeschichtlicher Zeit besiedelter Ort. Der Name macht dem Dorf alle Ehre: Die Tessiner in dieser mediterranen Landschaft sind vital und werden sehr alt.

Es gibt aber auch drastische Ausnahmen, wie die folgende Begebenheit zeigt.

Unmittelbar am Seeufer steht das Gartenrestaurant „Café Soziale", in dem sich an jedem Karfreitag zwei deutsche Frauen nach ihrer Grabpflege zum Plausch treffen.

„Die Grabpflege haben wir mal wieder hinter uns." Die dicke Berta schiebt sich einen Bienenstich in den Mund und lehnt sich zurück. „Jetzt sind wir beide schon über ein Jahr allein!" Mit zittriger Hand zündet sie sich eine Zigarette an und versucht dabei, die von der Blumenerde noch schwarzen Fingernägel zu verbergen. „Warum nur mußten unsere Männer so früh sterben?" – Mora mag diese vorwurfsvolle Frage nicht.

Die Nichtraucherin nippt genüßlich an ihrem Cappuccino und versucht, dem vorüberziehenden Qualm auszuweichen. „Warum hat dein Pedro denn damals nicht das verdammte Rauchen aufgegeben! Jeden Tag zwanzig Zigaretten! Die Gefahr dieser Lungentorpedos muß er doch gekannt haben!" Moras Mund spitzt sich zu: „Und du müßtest eigentlich diese Gefahr und auch die des Übergewichts kennen!" Sie bemerkt, wie Berta aufhört zu kauen, und fährt versöhnlicher fort: „Sieh mal, mein Pedro hatte damals das ganze Ferien-Management unter sich. Bei diesem Dauerstreß ergab sich zwangsläufig mal die eine oder andere Raucherpause. Auch als sich dann später der Lungenkrebs eingeschlichen hatte, konnte er diese Sucht nicht mehr loswerden." Und sie fährt triumphierend fort: „Ich jedenfalls packe dieses Zeug nicht mehr an!" Dann winkt sie unauffällig der Serviererin zu, die ihr bald einen großen Grappa bringt.

Aber Berta bleibt dies natürlich nicht verborgen. „Ja, meine Liebe“, bemerkt sie spöttisch, „die Summe aller Laster ist wohl konstant, nicht wahr? Dabei müßtest du doch noch wissen, wie mein seliger Carlo dabei draufgegangen ist, als er sich dem Alkohol anvertraute. Und dabei hatte der doch als Musiker – im Gegensatz zu dir – ab und zu einen Beruhigungsschnaps nötig.“ Mora mag darauf nicht antworten, wird aber innerlich immer wütender, zumal ihr die Gegenargumente ausgehen. Sie wechseln das Thema. Beide haben ja auch das Grab des dritten Skatfreundes Romeo mitversorgt. Der hat ihnen beiden damals viel Freude vermittelt, hat sie im Restaurant freigehalten, mit ihnen getanzt und wäre ihnen sicher auch noch näher gekommen, wäre da nicht diese verruchte Lola gewesen, Romeos Eroberung. Berta bricht wieder das Schweigen. „Schade auch, daß Romeo so früh dran glauben mußte. Heute können die Ärzte gegen Aids sicher mehr unternehmen!“ Daß Mora nun aufbraust, mögen persönliche Gründe sein. „Mußte er es denn auch mit so vielen treiben?“ Jetzt bricht der damalige Konkurrenzkampf der Frauen wieder auf. Jedenfalls verlassen beide abrupt das Café. Die Kellnerin kennt diesen Ritus und kritzelt ein paar Zahlen auf einen Zettel. Mora und Berta aber streiten noch lauthals, als sie die Straße überqueren. Während sie sich dabei aber auch noch gegenseitig wütend vorwärts schubsen, kommen plötzlich zwei Wagen aus verschiedenen Richtungen über die Straße gerast. Die beiden Frauen haben keine Chance und sterben auf der Stelle. Das kann auch ein Ratsherr, der zufällig am Bordstein steht, später bestätigen. Sein trockener Kommentar in der nächsten Ratssitzung lautet:

„Und wer übernimmt nun die Grabpflege der beiden deutschen Frauen?“

Die neue Kraft

Die Kraft Deiner Liebe stärkt mir den Rücken
und lässt mich entzücken.
Weg mit den Krücken
in Kummer und Leid!
Die Kraft deiner Liebe hat mich gefeit
gegen neidisches Blicken.

Sie lenkt mein Blut in all meine Glieder,
und täglich singen wir neue Lieder,
ja, täglich schöpfen wir neue Kräfte
aus unseren Seelen und unseren Säften,

wo nichts mehr erschlafft
dank dieser Kraft!

Die Suche

Was such' ich denn, ich alte Frau?
Ich glaub', ich weiß es nicht genau.
Als Mädchen mußte ich viel entbehren,
mußt' Essen kochen, Stuben kehren,
die Kinder und den Mann versorgen.
Es hieß: „Verschiebe nichts auf morgen!"

Ich bin allein nun und schon älter,
mein Haar wird weiß, die Haut noch welker.
Soll's das gewesen sein, das Leben?
Könnt ihr mir mehr davon nicht geben?
Dann hol' ich's mir, und zwar sofort;
Ich ziehe um zum andern Ort.

Am stillen See will ich verweilen,
und niemand sagt: „Du mußt dich beeilen!"
die Sucht verlasse ich Stück für Stück,
nur in der Natur suche ich mein Glück.
Ich weiß, ich werde erst gesunden,
wenn ich den rechten Freund gefunden,
den Freund, den ich gesucht so lange!
Angst vor der Zukunft? – Keine Bange!

Dumme Jugend

Bei deiner Umarmung war ich entzückt
und fühlt' mich versetzt in die Kindheit zurück:
Ich saß zufrieden in Mutters Stube,
die Augen am Boden, als kleiner Bube;
verloren spielt' ich mit kleinen Ringen
und irgendwelchen anderen Dingen ...

Und heute, als „Alter“, was macht mich da munter?
Der graue Alltag, wie färbt er sich bunter?
Wodurch wohl fühl' ich mich täglich jünger
und wodurch vielleicht auch ein bißchen dümmer?

Durch dich!

Ein Einkauf

„Komm, Mariechen!“ Mutter Martha zieht ungeduldig ihre kleine Tochter vom Fruchteis-Stand weg. „Wir müssen noch zum Supermarkt! – Da kommt deine Tante.“ – „Ciao Carla, kommst du mit einkaufen?“ – „Klar doch, aber wollen wir uns nicht vorher hier ein bißchen hinsetzen?“ Carla zeigt auf einige leere Stühle auf dem Gehweg vor einem Café – „bei einem Täßchen Tee gehen wir dann unseren Einkauf durch, okay?“ Die Kellnerin ist sofort zur Stelle. „Und?“ – „Wir nehmen zwei Kaffee“ Carla hat bereits Platz genommen. Die Kellnerin notiert: „Zwei Kännchen Kaffee –, die Erdbeertorte mit Sahne?“ Martha mag nicht widersprechen.„Und die Kleine?“ Mariechen ist empört. „Ich bin schon Schülerin! Nein danke, für mich nix.“ Und mit festem Blick zur Mutter gewandt: „Das Geld gibst du mir nachher für ein Eis, gell?“ Mutter nickt geistesabwesend und widmet sich zusammen mit Carla dem Einkaufszettel, der auf dem Tisch liegt und immer länger wird. „Denk auch an die billigen Bohnen!“ Mutter notiert. Die Kellnerin hat fleißig Kaffee und Kuchen nachgeschoben und fragt, ob es schmeckt. Beide Frauen nicken. „Vielleicht ein Grappa zum Kaffee?“, fragt sie, „bei uns in Italien sagt man, ein Kaffee ohne Grappa sei wie ein Kuß durchs Telefon!“ Alles lacht. Der Grappa kommt und schmeckt. Da man bekanntlich auf einem Bein nicht stehen kann, schmeckt auch der zweite. Die Kleine rutscht unruhig auf ihrem Stuhl und beginnt zu quengeln. „Ich will weiter!“ – Die Frauen haben ihren Einkauf zu Papier gebracht. Aber nach einem spritzigen Spumante ist der Zettel vergessen, und die Stimmung steigt. Martha und Carla lachen nun ohne Grund, während Mariechen mault. Da taucht ein anderer Zettel auf, nämlich der von der Kellnerin, und dieser lässt die beiden Frauen schnell wieder nüchtern werden. Nein, das Komma auf der Rechnung steht nicht an der falschen Stelle. Beide Frauen müssen, wenn sie die Zeche bezahlen wollen, ihr Geld zusammenlegen. Am Ende wird also aus dem geplanten Einkauf nichts, und fürs maulende Mariechen bleiben nur leere Versprechungen.

Ein Liebeselixier

Man nehme, falls vorhanden:

- viel Gottvertrauen,
- allerhand Achtung vor dem anderen,
- ein bißchen Menschenkenntnis,
- ein Mindestmaß an Gesundheit
- viel kindliche Spielbereitschaft
- und einen guten Schuß Humor.

Unter ständigem Lachen und Scherzen alles aufrühren,
schütteln und in kleinen Schlucken schlürfen.
Dosierung: Wenn von Mutter Natur nicht anders verordnet:
in der Woche zwier!

Wer andere Wirkungen wünscht,
verdünne das Getränk
mit einem großen Glas Wein
oder mit einem Hauch Nikotin??
Nein – das laß sein!

Ein Liebeszwist

„Warum willst du denn noch einen Sessel kaufen, wir haben doch schon zwei und die Couch dazu!“ Gerd nahm Elisabeth liebevoll in den Arm und gab ihr einen Nasenstüber. – „Ja, schon“, Elisabeth schmiegte sich an ihn, „aber wenn unsere Freunde kommen, fehlt doch meist noch ein bequemer Sitzplatz im Wohnzimmer, und da dachte ich ...“ – „Hast ja recht, mein Engel, aber eine andere Farbe als unser langweiliges Braun würde ich da schon nehmen. Was hältst du von Blau, der Farbe des Himmels, des Meeres – denk an unseren letzten Urlaub am Lago Lugano, und die Psychologen sagen, daß Blau uns Geborgenheit gibt!“ – „Interessant, darüber muß ich nachdenken – denn eigentlich hatte ich an Gelb gedacht!“ – Elisabeths Stimme zitterte ein wenig, und unsicher fuhr sie fort: „Ich meine, daß Gelb hier ganz gut passen würde. Gelb bedeutet doch Sonne, Wärme, Sand, Strand – denk doch nur an unseren letzten Urlaub in Lugano – und die Psychologen sagen, daß Gelb für Intuition steht!“ – „Tatsächlich, ein völlig neuer Gesichtspunkt!“ – Gerd drückte seine Elisabeth fester an sich. „Muß ich mir überlegen – ja, doch, ich glaube, du hast recht, wir nehmen Gelb!“ – Elisabeth blickte zu ihrem Geliebten empor, der eine kleine Träne in ihrem linken Auge zu erkennen glaubte. Er war sich aber nicht sicher. Auch nicht wegen der richtigen Farbe.

„Machen wir es kurz!“, entschied er, „deine Wahl ist gut, wir kaufen den gelben Sessel!“ – Erleichtert atmete er auf. Schön, eine Frau mit so feinem Farbempfinden zu habe, dachte er. – Elisabeth entwand sich seinen Armen – „Aber nein, wir bleiben bei Blau! Deine Worte haben mich überzeugt. Außerdem paßt Blau besser zum Übrigen – und überhaupt!“ Ihr Argument „und überhaupt“ kannte er. Dem konnte er nicht mehr widersprechen. Und so blieb es beim blauen Sessel. Wenigstens vorerst. Doch Elisabeths Gedanken ganz zu Anfang des Gesprächs setzten sich bei ihm fest. Und Gerd – allgemein bekannt als harter Verhandlungspartner – wunderte sich über seine Wankelmütigkeit. Aber vielleicht gab sie ja nur aus Liebe zu ihm nach? Er holte sein Taschentuch und putzte sich die Nase. Dabei blickte er betroffen zu Boden, wo die zarte Frühlingssonne ein paar zittrige Kringel auf den Teppich warf. „Die Liebe stellt alles auf den Kopf“, dachte er. Entschlossen richtete er sich auf und rief den Lieferanten an: „Bitte bringen Sie den gelben Sessel!“ Der clevere Verkäufer notierte auch diese Bestellung, und so kam das Paar zu zwei neuen Sesseln.

Interessant war, daß Gerd später immer im gelben und Elisabeth im blauen Sessel saß.

Ein unentschlossener Urlauber

„Wohin will ich mich wenden?“ Ein Mann mit kurzärmeligem Hemd steht vor dem Strandhotel und mustert vor sich den See und die Umgebung. Unterhalb der Uferpromenade lädt eine leere Bank zum Verweilen ein. „Warum nicht?“, denkt der Mann, nimmt Platz und versucht, seine Gedanken hier zu ordnen. „Was mach ich? Eine Fahrt in die Nachbarstadt verheißt Ablenkung und Genuß, verführt aber auch zu Konsum und bringt unnötige Unruhe und Lärm mit sich. Lärm und Hektik versprechen neben dem Fahrerlebnis auch das Miet-Rennboot, das gerade vorbeizischt. Dann doch besser auf den Berg gegenüber klettern – mit einer Gruppe Gleichgesinnter. Aber ich will doch eigentlich allein sein – jetzt nach der gelungenen OP. Andererseits könnte ich ja hier am Ufer entlang spazieren und ganz nach Belieben wieder umkehren, wie es mir paßt.“ Er lehnt sich entspannt zurück und überläßt seine Sinne dem See. Das ständige Schmatzen der links und rechts sich überschlagenden kleinen Wellen stören ihn zunächst. Dann aber gleitet sein Blick über die von weißem Schaum eingesäumten Wogen, die mit ständig wechselnden Flecken das Blau des Himmels widerspiegeln, und er spürt, wie sich seine Schultern entspannen. Er lehnt sich zurück und achtet auf seinen Atem. Er nimmt einen kräftigen Lungenzug und erinnert sich mit einem stolzen Lächeln an seine gelungene Raucherentwöhnung. „Wandern am Seeufer oder am Berg: Zwischen diesen beiden Möglichkeiten will ich mich entscheiden, das steht fest.“ Und wieder gleitet sein Blick über das ruhige Blau des Sees, folgt den heranrollenden Wellen, wie sie auf ihn zulaufen und auf dem flachen Sand – zusammen mit seinen überflüssigen Sorgen – dort versickern.

Das aber merkt er erst später, als er sieht, wie sich der See verdunkelt und die weißen Wellenkämme verblassen. Ein Blick auf die Uhr lässt ihn hochfahren: „Mein Abendessen!“

Erst später, kurz vor dem Einschlafen, wird ihm bewußt, daß seine Entscheidung richtig war. Er hat heute seine Erholung gefunden und wird vielleicht (?) morgen damit beginnen.

Ein vollkommenes Verhältnis

„Helga, halte mir doch mal eben meine Tasche, damit ich meinen Andy anrufen kann!“ – Frieda faßt zu, und die Freundin hat die Hände frei für ihr Handy. „Hallo“, haucht Helga in die Muschel, „bist du es, Liebling?“ „Ja, natürlich, ich bin gleich bei dir ... du kannst schon mal die Kartoffeln aufsetzen ... ja, und bitte schäle ein paar mehr ... ja ... Helga hat auch vor, zu kommen ... Danke ... Küßchen ... Tschü-üss!“ – „Danke, Helga, hast du mitgehört? Ist mein Andy nicht ein prima Kerl? Er tut fast alles für mich. Wir musizieren und tanzen zusammen, spielen Schach, gehen schwimmen und spazieren und auch mal ins Theater oder in ein Konzert. Wir fahren natürlich auch zusammen in die Ferien. Und im Übrigen ist er auch sehr sensibel – du verstehst schon! Es ist eben ein vollkommenes Verhältnis mit uns!“ Helgas Augen blicken wie die Scheinwerfer eines Autos. „Toll, und wie hast du dir diesen Prinzen geangelt?“ Spitzbübisch verzieht sich Friedas Mund: „Das war vor zwei Jahren etwa, da habe ich ihn einfach gefragt, ob ich ihn umarmen dürfte.“ „Und?“ – „Ja, und danach hat es auch bei ihm gefunkt, und wir sind zusammen geblieben. Jede Woche treffen wir uns mindestens zweimal und unternehmen so allerhand – natürlich nicht nur im Bett. In der Zwischenzeit aber fallen wir beide dann in ein Loch!“ – „Klar, aber warum wohnt ihr denn nicht zusammen?“ – Helga möchte jetzt eigentlich vom Thema ablenken, doch sie kennt ihre forschende Freundin. „Das wollte er ja, aber das hat irgendwie nicht geklappt – ich muß dir das ein andermal erklären – er wohnt wieder bei seiner Frau.“ – „Verstehe, du brauchst natürlich einen Mann für immer, sozusagen für Tag und Nacht!“ – „Genau!“ – „Dann ist euer Verhältnis also doch nicht so vollkommen, wie ich dachte, siehst du“, und Helga hebt stolz ihre Stirn, „da bin ich besser dran: Ich habe jeden Tag und jede Nacht einen richtigen Mann bei mir!“ – „Schön für euch beide! Und wann heiratet ihr?“ – „Heiraten? Wo denkst du hin? Das geht doch nicht: Es ist doch jede Woche ein anderer Mann!“ Helga kann ein Lächeln kaum unterdrücken. „Aber das ist doch im Vergleich zu einer braven Ehe sicher auch kein vollkommenes Verhältnis, oder?“

Planlos

„Es ist sieben Uhr sechsunddreißig, und Sie sind immer noch hier!“ Die Sekretärin entdeckt die Zornesfalte auf der Stirn ihres Chefs und erschrickt. Sie wollte doch nur ihren Pultordner überprüfen und erst danach die Altablage zur Registratur bringen. „Ich geh ja schon!“, sagt sie und rauscht davon. Sie schätzt ihren erfolgreichen Chef, der sie für ihre Arbeit immer großzügig entlohnt. Wenn er nur nicht diese Marotte hätte, alles bis ins Kleinste vorauszuplanen. Um so mehr freut sie sich auf ihren Urlaub, der morgen beginnt. Sie wird mit ihrem Freund die nächsten Wochen einmal ganz ohne diese „Planwirtschaft“ an einem stillen See im Süden verleben. „Wo bleiben Sie denn?“ Eine quengelige Stimme entreißt sie ihren Träumen. Sie kommt zurück und versucht, einen Ton der Freude zu unterdrücken. „Ab morgen bin ich ja dann mal für zwei Wochen weg, wissen Sie!“ Statt einer Antwort bekommt sie zwei Flugtickets und einen Extra-Schein in die Hand gedrückt. „Dieses Planen hat ja auch sein Gutes!“, sagt sie dann später ihrem Freund, als sie beide schon in der Maschine nach Süden sitzen.

Am Seeufer hätten sich die beiden dann beinahe entzweit. „Was wollen wir nun heute Nachmittag machen?“, hat er höflich gefragt. Doch das ist offenbar eine Frage zu viel, denn damit erinnert er sie an ihren ewig planenden Chef. Mit aufgerissenen Augen starrt sie ihn an. „Was glaubst du, warum ich mit dir in diese einsame Gegend gefahren bin?“ Sie sieht sein bestürztes Gesicht und kommt nun in einer sanfteren Stimmlage mit ihrem neuen Plan heraus. „Wenigstens in unserem geschützten Bereich können und sollen wir doch einfach tun dürfen, was wir wollen und wie und wann …“ – hier blickt Bruno sie von der Seite an, „und überhaupt“, fügt sie bekräftigend hinzu. Bruno nickt nur stumm. Ihm bekommt diese Freiheit recht gut. Vorsichtshalber wiederholt er die neue Maxime: „Also tut jeder von uns, was er will, wann auch immer und wie auch immer, ganz ohne Planung, ja?“ Marlene lehnt sich entspannt zurück. „Genau!“ Endlich einer, der mich versteht, denkt sie, bevor sie im Sand einschläft. Kurze Zeit später streift ein kühler Wind durch ihr Haar und weckt sie. Ihre Hände suchen den Freund, der aber weder links noch rechts von ihr zu finden ist. Erschrocken fährt sie hoch und entdeckt einen Zettel mit Brunos Handschrift: Bin mal spazieren gegangen, weiß noch nicht, wohin.“ Langsam kommt der Abend. Sie fröstelt, fährt hoch und saust los, den Freund zu finden. Der hat sich auch schon Sorgen gemacht, ist zurückgekehrt und erschrickt ebenfalls, als er sie nicht am alten Platz findet.

Als sich die beiden dann endlich nach langem Suchen bei der Küstenwache wieder gefunden haben, gibt es ein solches Theater von gegenseitigen Vorwürfen, daß ihre Retter sich entrüstet wegdrehen ...

Gleiches mit Gleichem

Der Patient zittert: „Ich bin am Ende, meine Angst verfolgt mich überall hin!"

Der Psychiater führt ihn zu einem bequemen Sessel. „Wovor fürchten Sie sich denn?" – „Ich fürchte, ich verliere meine Freundin, jedenfalls gab sie mir mal wieder zu verstehen, daß sie vorerst für sich allein leben will."

„Das ist ihr gutes Recht, mein Lieber! Sie sagten ‚mal wieder'. Hat sie diesen Wunsch schon mehrfach geäußert?" – „Das ist es ja! Wenn ich meine, wir bleiben für immer zusammen, weil ich ihr größter Schatz sei, entdeckt sie plötzlich eine Vergeßlichkeit bei mir oder ein unbedachtes Wort. Dann möchte sie wegen dieser Ambivalenz, wie sie sagt, unsere Beziehung beenden oder wenigstens unterbrechen." Der Arzt legt seine Hand auf die Schulter des Patienten. „Ich sagte schon: Das ist das Recht eines jeden Menschen, jedwede Beziehung zu einem anderen zu unterbrechen! – Aber was wäre denn für Sie so schlimm dabei?" – Der Patient schluckt: „Ich fürchte, wenn die Liebe nur virtuell ist, wird es die Treue auch bald sein."

Der Arzt nickt: „Da ist was dran, wir alle sind schließlich Menschen aus Fleisch und Blut. Nun mal ehrlich: Haben Sie das Gefühl, daß Ihre Freundin leichtfertig diesen – sagen wir Zick-Zack-Kurs fährt?" – Die Stimme des Patienten zittert: „Beileibe nicht! Damit täte ich ihr bitter Unrecht. Vielmehr leidet sie selbst auch unter dieser Ambivalenz. Ich weiß nur nicht, wie ich ihr helfen kann." Der Psychiater nickt. „Und wie Sie sich gleichzeitig wohl auch sich selbst helfen können, wie?" Der Patient errötet, doch der Psychiater beschwichtigt: „Schon gut, um helfen zu können, bin ich schließlich Arzt geworden. Lassen Sie mich mal nachdenken – ja, das ist es: Sehen Sie, da hat doch um 1800 Samuel Hahnemann das Ähnlichkeitsprinzip aufgestellt, Gleiches mit Gleichem zu therapieren. Irgendwie läßt sich sein Prinzip auch auf die Psychotherapie übertragen. So hatte ich zum Beispiel neulich einen Phobie-Patienten, der aus Angst keinen Fahrstuhl betreten konnte. Den hat mein Assistent einfach mit allmählich längeren Aufenthalten in Fahrstühlen kuriert."

Aber was hat das mit meiner Angst zu tun?" – Der Patient tupft seine nasse Stirn trocken. – „Fahrstühle machen mir nichts aus!" Der Arzt kommt in Fahrt: „Nein, aber die Gewöhnung an eine eingebildete oder meinetwegen auch an eine echte Gefahr wird Sie abhärten und Ihr ‚Ich' stabilisieren. Setzen Sie sich bewußt Ihren Ängsten aus und lassen Sie den Dingen ihren Lauf. Die Angst wird mit der Zeit abnehmen. Sie beide werden sich bald furchtlos begegnen und über alles gründlich reden – meinetwegen auch wieder in meiner Praxis."

Er reicht dem Patienten die Hand zu Abschied und gibt ihm noch ein Büchlein mit.

„Hier, lesen Sie, das ist ein Autor, der sich mit Liebesbeziehungen auskennt, befolgen Sie seinen Rat, nichts vom Partner erwarten zu wollen und ihn niemals unter Druck zu setzen oder ihn zu Entscheidungen zu zwingen. Also immer ruhig abwarten!"

Guter Rat

Eine Spielszene im Sprechzimmer eines Arztes

Arzt mit Stethoskop um den Hals in seinem Sprechzimmer am Schreibtisch.

Er geht zur Tür: „Der Nächste bitte!"

Ein hektisch gestikulierendes Ehepaar drängelt sich herein, einer den anderen zurückdrängend. Frau Frieda kann sich durchsetzen und baut sich vor dem Arzt auf.

Frieda: „Endlich kommen wir dran. Hören Sie, Herr Doktor, wir brauchen einen guten Rat, einen ärztlichen Rat. Egon, das ist mein Mann hier – komm her, Egon! Egon ist nämlich schwer krank, er ist süchtig!" Egon strafft sich und fällt ihr ins Wort: „Nein, Herr Doktor, das stimmt gar nicht. Hören Sie lieber mir zu! Meine Frau Frieda ist so ein nervöses Hemd, wissen Sie. Aber das macht ja das verdammte Rauchen. Sie braucht dringend Ihren Rat, Herr Doktor, Sie sind doch schließlich Arzt!" Noch während sich der Arzt der genannten Dame zuwendet, schießt diese schon los: „Glauben Sie ihm kein Wort, Doktor, das ist alles nicht wahr!" Hinter vorgehaltener Hand fährt sie flüsternd fort: „Der Egon weiß gar nicht mehr, was er so daherredet. Er ist nämlich schon ganz wirr im Kopf vor lauter Alkohol. Sie müssen wissen, er ist ein Trinker, jawohl! Sein Suff macht uns alles kaputt! – Soll ich Ihnen mal aufzählen, wie viel Flaschen ich heute Morgen unter unserem Bett gefunden habe??"

Der Doktor hat seinen obersten Hemdknopf geöffnet und ringt nach Luft. Seine Stimme krächzt: „Nein!! – Bitte nehmen Sie doch erst mal Platz hier, gnädige Frau!"

Etwas beleidigt nimmt Frieda neben ihrem Egon Platz und will sich eine Zigarette anzünden, bemerkt dann aber das Stirnrunzeln des Arztes und legt ihren Lungentorpedo wieder zurück. Egon (triumphierend): „Sehen Sie, Herr Doktor? Gerade wollte sie sich wieder eine anzünden, und das geht so den ganzen Tag, das können Sie mir glauben!"

Frieda mit abwertender Handbewegung gegen ihren Mann: „Nix glaubt er dir, du Trinker, du brauchst doch zuerst mal Hilfe!“ Sie steht auf und wendet sich mit wilden Gesten an den Mediziner: „Hören Sie, Sie sind doch Arzt! Reden Sie doch mal Klartext mit dem da!“

Inzwischen ist auch Egon aufgestanden und hat die Hände in die Hüfte gestellt.

Egon: „Die Frieda hat schon ein ganzes Einmachglas mit Kippen auf dem Balkon stehen, das machen die vom Raucherseminar alle, sie ist nämlich schon seit Wochen in so einem Entwöhnungskurs, müssen Sie wissen, aber genutzt hat das alles nix, und wir müssen noch die Seminargebühren nachzahlen, sagt die Krankenkasse, weil ja doch alles umsonst ist bei ihr.“ Bei den letzten Worten hat Frieda die Arme in die Hüfte gestemmt und geht nun drohend auf Egon zu, der etwas zurückweicht. Sie lässt ihn nicht ausreden und fällt ihm ins Wort: „Zu den anonymen Trinkern gehörst du!“ Sie wendet sich an den Arzt, während ihr Finger zum Fenster weist. „Immer wieder habe ich ihn zu den Anonymen geschickt.

Und was hat er gemacht, was glauben Sie, Herr Doktor?“ Ohne eine Antwort abzuwarten, fährt sie fort: „Zum Trinkbüdchen ist er gelaufen, und erst nach Stunden ist er wiedergekommen. Und soll ich Ihnen sagen, wie der ausgesehen hat, Herr Doktor?“

Der Arzt ist erschöpft in seinen Sessel gesunken und haucht mit abwehrender Handbewegung: „Nein. Bitte nicht!“ Begütigend will nun der Doktor seine Bereitschaft erklären und bittet die Kontrahenten Platz zu nehmen, kommt aber in dem nun folgenden Rededuell nicht zu Wort. Lediglich Fetzen wie „Alkoholiker“, „Raucherin“, „Trinkerdasein“, „Lungenkrebs“, „Heilanstalt“ und „Delirium“ erreichen sein Ohr. Kurzentschlossen steht er auf und packt Egon am Arm. Arzt: „Bitte warten Sie vorerst im Wartezimmer!“

Frieda lehnt sich wieder in den Beratungssessel zurück. „Gut haben Sie das gemacht, Doktor. Wissen Sie, Egon ist eigentlich ein Kerl wie Samt und Seide, wie man so sagt, nur schade, daß er säuft – na ja. Jetzt sind wir endlich unter uns." Der Arzt hat sich hinter seinem Schreibtisch verschanzt und wendet sich Frieda zu: „Sie haben also offenbar ein Raucherproblem, nicht wahr?" Frieda mit spitzem Mund:

„Was soll ich haben? Sicher, ich rauche mal eine so zur Gesellschaft oder zur Beruhigung, wenn ich die Wäsche oder das Einkochen hinter mir habe oder vom Einkaufen heimkomme. Seit ich aber den Schnaps weglasse – ich muß ja für Egon Vorbild sein – wissen Sie, seitdem also rauche ich kaum noch, und wenn, dann nur ganz bewußt, wie man es uns im Seminar beigebracht hat."

Der Arzt blickt erstaunt auf: „Sie konsumieren also auch Alkohol?" Frieda, ihren Rock glattstreichend: „Nein, von konsumieren kann keine Rede sein. Gelegentlich leiste ich mir nur mal hin und wieder einen guten Tropfen trockenen Silvaner, ein feiner Wein übrigens. Soll ich Ihnen mal ein Fläschchen vorbeibringen? Er ist sogar gut für Zuckerkranke, weil nämlich der Zucker total vergoren ist, aber das wissen Sie ja selbst, Doktor, Sie sind ja vom Fach. Aber da müßten Sie uns doch endlich einen guten Rat geben, oder? Zunächst natürlich dem Egon. Was meinen Sie? Sie sagen ja gar nichts mehr?"

Der Arzt faßt sich mit der Hand an die Stirn, nimmt entschlossen einen Zettel und kritzelt etwas darauf. „Hier, nehmen Sie und gehen Sie zu meinem Kollegen, und – bitte – nehmen Sie Ihren Egon gleich mit!"

Frieda steht abrupt auf, reißt den Zettel an sich und schleudert dem Arzt einen giftigen Blick zu: „Sie wollen ein Arzt sein, ein Helfer der Menschheit? Und uns können Sie nicht mal einen guten Rat geben??" Sie öffnet die Tür: „Komm Egon, wir gehen!"

Vorhang

Gebunden

Da lieg ich nun lustlos und leck' meine Wunden.
Die Kräfte von gestern, sie sind mir entschwunden.
Die ganze Energie, wo ist sie geblieben?
Hat sie meine neue Liebe gebunden,
der ich mich heute morgen verschrieben?

Da lieg ich nun,
die Gedanken ruh'n
und lassen mich schweben.
Was soll ich noch reden?
Mit dir will ich leben –

... irgendwo!

Heilpraxis

Mein Freund, mein Gott, fast war ich tot!
Der Neid – wie bei Adam – bracht' mich in Not:
Ich betrog meinen Nächsten und wollte noch mehr;
doch mit größerem Besitz trieb die Angst mich umher
in Furcht, zu verlieren, was mühsam gerafft,
sucht' Sicherheit ich, wie doch niemand sie schafft.
So überstieg meine Kraft dies Streben nach Macht,
und dann kam die Nacht:
Der Gram, daß ich nicht alles bekam,
legte mich lahm ...
Mein Herz wurde schwer,
es wollte nicht mehr.
Krank wurde der Leib, war eigentlich tot,
kein Mensch konnte mir helfen in meiner Not!

In meiner Verzweiflung bestieg ich ein Boot,
ließ mich treiben ins offene Meer bei Nacht,
und die Traurigkeit hätte mich umgebracht,
wär' nicht erschienen – ganz fern
ein winziger Stern.
Ich empfing eine Botschaft in seinem Blinken:
„Richte dich auf! – Brauchst nicht zu ertrinken,
denn Er hat dich gern!"
Ich erschrak – „Schöpfer des Alls,
Du bist meilenweit fern,
Dich finde ich nie – Du gebietest dem Sturm,
und ich Erdenwurm ..."

Da berührt' mich ein Hauch und ich hörte sein Wort:
„Nie war ich weit fort,
Ich war immer schon hier und möchte zu dir!
Kehr' um mit dem Boot und folge mir!
Vertraue mir mehr,

denn ich bin der Herr!
Geh' hin ohne Scheu
mach auch du alles neu!"
Da spürte ich Wärme, sah Licht auf dem Meer;
die Sonne ging auf und im Licht war ER!
Ich erhob meinen Blick: „Bei dir will ich bleiben!
Wozu sollt' ich länger auf Wassern treiben?" –
„Erst lös' dich von Zwängen, werd' glücklich auf Erden:
Paradies kann die Welt nur durch Glauben werden

Geh', künde mein Wort nun den anderen Kranken,
hilf ihnen und heil' sie, sie werden' s dir danken!"
Ich drehte mein Boot und nahm Kurs auf das Land.
Jetzt fühlt' ich mich sicher, die Traurigkeit schwand.
Sein Wort werde wirklich durch praktisches Heilen:
Es gilt, mit dem Heiland die Heilpraxis teilen!

Zwar muß ich dereinst – vielleicht auch schon heut
zu Ihm durch die Nacht, wenn Er es gebeut,
doch Er wird bei mir sein, ich hab' ja Sein Wort:
Durch tiefste Schluchten führt Er mich weit fort ...

Er hat mich erlöst, wenn ich Ihm vertraue
und schließlich am Ende Sein Heil ewig schaue ...

Hemmungslos

Die Hemmungen machten mein Leben schwer.
in der Jugend verklemmt schon – lange ist's her.

Doch dann kamst Du, nahmst mich bei der Hand,
und siehe da, die Schüchternheit schwand.

Nun liege ich hier, strahlend vor Glück
und weiß, meine Hemmung kommt nie mehr zurück.

Wie kann ich Dir danken für neues Leben?
Gern will ich versuchen, Glück wieder zu geben …

Herr oder Sklave?

„Die heutigen Termine, Herr Direktor!" Der Geschäftsführer des Großkonzerns blickt mürrisch auf. „Es sind ja nur die wichtigsten ..." Devot legt Jutta die Liste auf den Schreibtisch und zieht sich zurück in ihr Zimmer. Der Direktor bedient gerade das zweite von drei Telefonen. „Ja", schreit er, „kaufen, sofort, ja, billigst! ... Nein! – weg damit, bestens!" Er wechselt zum ersten Apparat: „Was? – Diesen Akademiker? Meinetwegen, Gustav, dein Risiko, aber nur befristet einstellen! Was noch? ... Wer? Schon wieder krankgemeldet? Schmeiß sie raus! Aber paß auf, mach ne betriebsbedingte Kündigung draus!" – Nun kann er sich mit einem Whisky-Glas in der Hand zurücklehnen und sich eine neue Brasil anzünden. Da bemerkt er schon wieder diese komischen Stiche in der linken Seite, die sich bis zum Unterarm hinziehen. Er nimmt den Hörer des dritten Telefons in die Hand. „Ja, Jutta, Heinz hier, mach mir meinetwegen doch den Termin bei meinem Doktor ... egal ... vielleicht nächste Woche – oder nein...!" – Er ringt nach Luft, reißt sein Hemd vorn auf, daß die Knöpfe abspringen, und schreit in die Muschel: „Er soll sofort ..." Die Sekretärin hört aber nur noch ein dumpfes Poltern.

In der späteren Todesanzeige stand allerhand Rühmliches über den „soliden Herrn eines Imperiums, der uns verließ". Seine Ehefrau aber glaubte nicht daran.

Heinrich gehörte diesem Imperium seit Jahren an. Nach einer „betriebsbedingten Kündigung" mußte er leider die Werkswohnung aufgeben und an den Stadtrand ziehen. Dort hat ihm das Sozialamt eine Hütte am Seeufer zugewiesen, wo er Liegestühle vermieten und Unrat wegräumen darf. Abends sitzt er am Ufer, blickt in die untergehende Sonne und spielt für die Promenadengäste ein bißchen auf seiner Mandoline. In der Mütze vor ihm haben sich tatsächlich ein paar Münzen eingefunden. Er dankt seinem Schicksal. Zwar starb seine Frau früh, doch die Kinder haben es zu was gebracht. Andy wurde ein tüchtiger Arzt, und Gitta gibt Tanzunterricht. Und was sonst keiner weiß:

Er hat heute mittag einen dicken Karpfen gefangen ...

In letzter Minute

„Höher mit der Drehleiter!" – Der Einsatzleiter der Feuerwehr schaut mit hochrotem Kopf zum Fenster im oberen Stock der eleganten Villa hinauf. Er hält sein piepsendes Handy ans Ohr. „Du kriegst die Tür nicht auf, Anton? Gut dann steigen wir von oben rein!" – „Los, Ludwig!" – Der klettert schnell hinauf, denn er hat bemerkt, daß seinem Chef sehr viel an dieser Rettungsaktion liegt. „Weshalb dieser Großeinsatz, bloß weil es bei diesem Selbstmordversuch um eine feine Lady geht", denkt er, als er oben ankommt. Er drückt das Fenster auf und findet die Dame gemütlich auf dem Sofa sitzend, in der Hand eine Schachtel Streichhölzer.

„Chef, ich sehe nichts Besonderes, wozu diese Aktion?", fragt er nach unten. Offenbar muß die Lady aber ein hohes Tier sein, denn der Einsatzleiter ist ruckzuck nachgeklettert. Als sein Chef der Dame die Streichhölzer aus der Hand windet, glaubt er zu verstehen. „Ach so, ein Feuerchen will sie legen!"

„Du Dussel, siehst du denn die Lungentorpedos auf dem Diwan nicht?" – Schnell reißt der Chef die Zigaretten an sich und atmet auf. Der Kollege kann's nicht fassen, wird aber bald eines Besseren belehrt: „Jetzt bist du schon seit Jahren mit mir im Einsatz und hast noch immer nicht geschnallt, was für ein tödliches Gift in diesen fiesen Dingern ist."

Während sie beide die Leiter wieder hinabsteigen, zählt der Chef dem Ludwig die einzelnen Gift-Substanzen wie Nikotin, Stickstoff und Kohlenmonoxyd auf und faßt, unten angekommen, zusammen: „Damit ist dieses Zeug nämlich noch giftiger als Arsen oder Zyankali!" Ludwig lässt sich belehren und wirft sich stolz in die Brust: „Dann haben wir ja gerade der Dame das Leben gerettet!" Der Einsatzleiter stolz: „Ja, in letzter Minute!"

Kleine Ursache - große Wirkung

Der Krankenhaus-Patient ist aufgeregt: „Schwester, das verordnete Atemgerät hier ist ja lebensgefährlich!“ Die Schwester stürzt herbei und bekreuzigt sich. „Oh Gott, wo denn, wie denn?“ Mit rotem Kopf reicht der Privatpatient ihr den Schlauch für die Luftzufuhr des Atemgerätes unter ihr blasses Antlitz. „Sehen Sie, diese beiden Düsen werden dem Kranken in die Nase eingeführt, um ihn bei Atemnot mit Luft zu versorgen.“ Die Schwester setzt sich auf das Krankenbett. „Wissen Sie, lieber Herr Kramer, das ist mir nicht neu. Schließlich praktiziere ich schon seit Jahren als technische Assistentin in der Atemtherapie.“ Der Patient Kramer nickt anerkennend und erklärt: „Dann können Sie sich doch vorstellen, daß durch diese etwa bleistiftdicken Öffnungen auch so süße kleine Tierchen wie Insekten, hineinspazieren können – zumal das Gerät seit Stunden hier offen vor dem Fenster herumliegt – oder?“ „Aber in unserem Krankenhaus gibt es keine Insekten, das weiß ich aus Erfahrung, ich kenne unsere tüchtigen Putzfrauen.“-„Aber möglich wäre es doch, daß ein Insekt vielleicht ...“ Die Schwester treuherzig: „Das tun die doch nicht – was sollen die denn überhaupt in dem Röhrchen?“ Herr Kramer kann sich kaum beherrschen: „Diese Tierchen könnten zum Beispiel mit der Atemluft in meine Lunge gesaugt werden!“ Die Schwester wischt sich einen Schweißtropfen von der Nase: „Aber so etwas ist in unserem Krankenhaus seit ich hier bin noch nie, Gott sei es gedankt, vorgekommen.“ Dem Kramer platzt der Kragen: „Den lieben Gott können wir getrost herauslassen. Wofür hat er uns schließlich unseren Verstand geschenkt?“ Er fährt etwas beherrschter fort: „Sehen Sie, ehrwürdige Schwester, die Sache mit den Insekten ist doch jedenfalls möög-lich? Woher wollen Sie wissen, was geschehen wird?“ Die Schwester hat sich bereits wortlos auf dem Absatz herumgedreht und begegnet dem eintretenden Oberarzt. „Worum geht es denn hier?“, fragt der freundlich. Patient Kramer deutet auf den Nasenbügel: „Herr Doktor, hier fehlt offensichtlich ein Stöpsel!"

Der Arzt nickt anerkennend: „Danke, das werde ich sofort weitergeben!"

(Meine Geschichte trug sich in einem Kölner Krankenhaus wirklich so zu!)

Liebesglut

Wer löscht das Feuer in meinem Herzen?
Wer stillt in meiner Brust die Glut?
Ich lebe mit der Sehnsucht Schmerzen,
verlassen haben mich Kraft und Mut.

Ich glaube, ich muß auf die Liebe verzichten.
Wie sollte ich sonst meine Pflichten verrichten?
Alles bleibt liegen –
die Kräfte versiegen.

Drum lösche das Feuer in meinem Herzen!
Befreie mich von der Sehnsucht Schmerzen,
dann finde ich für meine Pflichten die Zeit
und bin gegen Trennung und Trauer gefeit!

Der Liebe Macht, wer mag sie kennen?
Mit dir will ich brennen!
Laß lodern das Feuer – und schür noch die Glut!
Liebe braucht Mut!

Liebesquelle

Du könntest wohl viele Leute fragen,
woher die kommt, sie werden sagen:
„Die Liebe geht einfach durch den Magen."

Du, meine Liebste, hast köstlich gekocht,
hast Speisen kreiert, wie's keiner vermocht,

hast Vorräte mir „für später" gelassen,
in reicher Auswahl, ich kann es kaum fassen!

Doch magst du diesen Wahlspruch vergessen:
Es ist nicht mein Magen und auch nicht das Essen,

das immer neu meine Glut entfacht:
Dein Wesen verzaubert mich – Tag und Nacht!

Mein Gebet um Liebe

Lieber Gott, Du bist die vollkommene Liebe.

hast Du dieses herrliche Universum geschaffen.
Hilf mir, durch Deine göttliche Kraft meine Aufgaben,
auch gegenüber meinem Nächsten,
zu erfüllen und Dein göttliches Wirken fortzusetzen.

Guter Gott, Du gabst mir eine Seele
und hast mich damit zu deinem Ebenbild gemacht.
Dankbar will ich zum seelischen Gleichgewicht
meiner Mitmenschen beitragen
und Dich mit ihnen loben und preisen.
Himmlischer Vater, Du hast mich schon oft
vor Gefahren bewahrt.
Ich danke Dir von ganzem Herzen dafür
und will mich bemühen,
Deines Schutzes würdig zu sein.

Allwissender, Du bist „voll Rat, voll Gnad, voll Tat".
Ich will einfach dankbar und still sein,
damit ich in meinem Gewissen
Deine Stimme hören kann.
Allwissender, Du kennst alle Geschöpfe
und deren Schwächen.
Du weißt also auch, worunter wir leiden.
Hilf bitte dem Menschen in meiner Nähe.
Er braucht deine Hilfe.
Doch nicht mein, sondern Dein Wille geschehe,
auch wenn ich ihn noch nicht erkenne.

Mein Kampf

Lohnt sich der Kampf
oder ist es Krampf?
Mein Herz sagt: Nein!
Du lebst nicht allein!

So werde, so will, so muß ich ringen,
es wird mir gelingen, das Glück zu gewinnen
für eine Frau, für die es sich lohnt,
für eine Frau, die niemals sich schont,
die hilft und liebt und jedermann stützt,
auch wenn es ihr selber meistens nichts nützt.
Im Gegenteil! Täglich ist Undank ihr Lohn,
und manchmal erntet sie Spott nur und Hohn!

So will ich denn kämpfen,
den Kummer zu dämpfen.
Danach steht mein Sinn –
Auch wenn ich erfolglos bin.

Moritz

„Was ist bloß mit Moritz los?“,
fragt Vater die Mutter was kann das sein?
„Er ißt nicht richtig, schaut immer nach draußen
und schläft erst spät ein.“
Mutter meint nur: „Entwicklungsprobleme müssen das sein,
warten wir's ab! Frag' den Lehrer noch heute!“
„Was ist bloß mit Moritz los?“,
fragt der ratlose Vater den Lehrer nun.
„Er ißt nicht richtig, schaut immer nach draußen,
kann kaum ruh'n.“
„Das wollt ich Sie auch schon fragen“, sagt der.
„Er zeichnet nur Mädchengesichter, schaut her!
Und dadurch ist sicher das Lernen erschwert.
Ein Arztbesuch wäre vielleicht nicht verkehrt!“
„Was ist bloß mit Moritz los?“,
fragt der ratlose Vater die Ärztin nun.
„Er ißt nicht richtig, schaut nur nach draußen,
kann kaum ruh'n,
zeichnet Mädchengesichter, was soll ich da tun?“
Sagt die Ärztin: „Gegen Neurosen ist keiner gefeit –
eine vegetative Dystonie sehe ich heut.
Nimm diese Tabletten dreimal am Tag
und was ich noch sag':
‚Psychologen-Rat man erfrag' – guten Tag!‘“
„Was ist bloß mit Moritz los?“,
fragt der ratlose Vater den Psychologen.
„Er ißt nicht richtig, schaut nur nach draußen
und schläft spät ein,
zeichnet Mädchengesichter – was kann das sein?“
Der Fachmann vermutet Drogenkonsum,
doch was hat das mit seinem Malen zu tun?
Und er treibt ihn durch Analysen-Mühlen.

„Vielleicht leidet er unter Schuldgefühlen?"
„Ist er katholisch? Ja? Dann sollt er sofort
den Pater aufsuchen, hier am Ort,
den guten Jesuiten, des' höchste Tugend
heißt Aufopferung für unsere Jugend!"
„Was ist bloß mit Moritz los?",
fragt der ratlose Vater den Pater nun.
„Er ißt nicht richtig, schaut nur nach draußen
und schläft erst spät ein,
zeichnet Mädchengesichter – was kann das sein?"
Auf's Bild schaut der Pater auf Vaters Bitten.
Nur kurz blickt er drauf und redet dann:
„Fang doch endlich ein neues Leben an!
Du mußt kämpfen gegen die niederen Triebe!
Der Herr starb für uns, und zwar nur aus Liebe!
Folge ihm nach, dieses Holzkreuz sei dein!
Häng's dir ans Bett – das Malen laß sein!
Die Augen dürfen sich daran nicht weiden,
Du mußt auch der Sünde Gelegenheit meiden!"
Auf dem Wege nach Hause kehren sie ein
bei der Lindenwirtin. „Was darf es sein?"
Der Vater erzählt und bestellt zwei Bier!
Moritz fragt: „Was wollen wir hier?"
Er nimmt einen Bierdeckel, malt ein Gesicht,
ein Mädchenantlitz, die Schönheit besticht
auch die Wirtin. „Wer ist das?", fragt sie interessiert.
„Meine Freundin", sagt er ganz ungeniert.
Der Vater schockiert Wie heißt denn die Dirn?
„Maura!" – „Eine Ausländerin?"
Die Wirtin lacht. „Ihr Sohn ist nicht krank,
verliebt ist er doch nur – Gott sei Dank!"
Der Vater hält sich den Bauch und lacht.
„Aber erst wird die Schule fertig gemacht!!"

Der Notruf

Grad noch im Arm – weg bist du im Nu.
Jetzt sitze ich hier, weiß nicht, was ich tu.

Ich telefoniere hinter dir her,
antworte bitte, mach's mir nicht so schwer!

Ich bin doch dein Freund, vielleicht auch dein Mann.
Gib mir ein Zeichen, geh' endlich mal ran!

Eine bange Nacht liegt hinter mir,
ich mache mir Sorgen, was tat ich dir?

Da – endlich, am nächsten Morgen,
ich werde mich freuen, vergessen die Sorgen.

Sie meldet sich endlich – es wurde auch Zeit
für Hoffnung und Liebe, aufs Leben zu zweit;

also gut dann aufs Neue! Bin wieder bereit

Ohne Lohn?

„Faß mal mit an, den Keller aufräumen“,
sagt Mutter heute zum großen Sohn
„Den Fußball im Fernsehen werd' ich versäumen,
Maloche womöglich noch ohne Lohn!
Laß lieber am Abend den Vater das machen.“
„Nichts ohne Lohn tun – was sind das für Sachen?“
Doch so allein arbeiten fällt Mutter schwer.
Sie ist sehr traurig und mag nun nicht mehr.

Am nächsten Tag, als der Sohn kommt nach Haus,
steht kein Essen bereit, der Ofen ist aus.
Der Sohn saust zum Kühlschrank voller Sorgen
und findet den Zettel mit Mutters Schrift:
„Selbstbedienung – heute und morgen!“

Wie das den Egoisten trifft!

Mein Partner

Die Suche nach Glück, wer kennte sie nicht?
Unglück zu bekämpfen ist jedermanns Pflicht!
Allein dies bewältigen kannst du wohl kaum!
Erfülle dir daher den Partnertraum!

Das hab' ich getan, und mein Leid ist verschwunden,
denn endlich hab' ich den Partner gefunden.
Ihr fragt mich wahrscheinlich nach seinem Wesen,
auch ihr wollt sicher vom Kummer genesen.

Sie ist musisch begabt, feinfühlig und lieb,
Toleranz ist ihr Trumpf, ihr Gedächtnis ein Sieb!
Das Letztere kommt meinen Fehlern zugute,
wie wäre mir wohl ansonsten zumute?

Was meint ihr, treibt sie Es so mit den anderen?
Ich sag' es euch: singen, tanzen, wandern!
Was macht sie mit mir, was ist es nur?
Ist es Eros oder gar Liebe pur?

Die Liebe erkunden in Tiefen und Höhen,
im Gleichklang der Seelen, ist wunderbar schön!
Ihr Elfenbeinkörper zu sehen ein Genuß!
Von Lippen so blütenzart jeder Kuß!

Nun will ich noch mehr ihr Wesen erkunden,
möcht' festhalten ich inTagen und Stunden,
doch wissen wir beide: Alles wird enden,
dann stehen wir da mit leeren Händen.

Das Leben von heute, es möge uns lehren,
das Leben genießen, des Kummers erwehren!

Sanctus

Die Tür zur Sakristei öffnet sich und lässt einen Hauch frischer Frühlingsluft in den muffigen Raum strömen. Meßdiener Matthias tritt ein und beugt kurz sein Knie in Richtung des Hauptaltares. „Gelobt sei Jesus Christus!“ Der alte Prälat dreht sich kurz um und spürt dabei wieder seinen schmerzenden Rücken „In Ewigkeit Amen! – Bitte das Zingulum!“ Matthias hilft, den dünnen Gürtel um das weiße Gewand des dicken Priesters zu schlingen und legt die eigene liturgische Kleidung an. In seiner Nase mischt sich der Körpergeruch des Geistlichen mit dem Duft von altem Kerzenwachs. Beim nun folgenden Festgottesdienst wird er gleich wieder auf dem Steinboden kniend das Weihrauchfaß schwingen müssen. „Messdienst ist Gottesdienst“ hat seine fromme Oma gesagt und ihm oft als Entschädigung für sein frühes Aufstehen eine Münze zugesteckt.

Prälat Frohwein fühlt sich bereits seit Monaten nicht wohl. Mit einem „Adjutorium nostrum in Nomine Domino (Unsere Hilfe im Namen des Herrn)“ folgt er seinem Meßdiener zum Hochaltar und beginnt mit der Brautmesse. Um die Hilfe des Herrn betet er auch heute, doch diesmal nicht nur in besonderer Meinung für das junge Brautpaar, nicht nur für alle Lebenden und Verstorbenen der Kirche und erst recht nicht nur für seine Vorgesetzten, den Erzbischof und den Heiligen Vater, sondern heute vor allem für sein eigenes Seelenheil und nach dem gestrigen Arztbesuch nun auch für seinen Körper. „Gesundheit ist nicht alles, doch ohne Gesundheit ist alles nichts“, pflegt sein Hausarzt zu sagen.

Mit einem „Der Herr sei mit euch!“ wendet sich der Priester der Gemeinde zu und blickt neidvoll in die vor Gesundheit strahlenden Gesichter des jungen Paares und der Hochzeitsgesellschaft. „Und mit deinem Geiste!“, rufen ihm froh die Gläubigen zu, und er fragt sich, ob er wirklich erfüllt ist vom heiligen, also vom heilbringenden Geiste. Beim Akt der Trauung vermeidet er, in das von leichter Schamröte umhauchte Antlitz der jungen Braut zu schauen. Dicke Schweißperlen rollen über seine Wangen, als er sich wieder dem gewohnten römischen Meßritus zuwendet. „Sanctus, Sanctus!", singt der Kirchenchor, während der Prälat sich zwingt, trotz der nun heftiger auftretenden Rückenschmerzen an den Sinn dieser heiligen Worte zu denken. „Wir sind Soldaten Christi" hat ihm damals der Präfekt des Priesterseminars gesagt. „Für ihn müssen wir notfalls unser Leben in die Pfanne hauen!" Hilflos blickt er hoch und schaut auf einen pausbäckigen, vor Gesundheit strotzenden Engel. „Sanctus" steht ornamental in gotischen Buchstaben auf dem Gewand dieser liebreizenden Gestalt. Zweifel an seinem Leben befallen ihn. Mit Mühe stützt er sich auf den Altartisch. Er erinnert sich an die zölibatären Probleme, die er als junger Priester hatte. Damals hat er seine Glaubenszweifel seinem Exerzizienmeister gebeichtet. „Du hast einen Glaubenszweifel? – Wie heißt SIE denn?", hatte der damals spöttisch gefragt.

Eine Krankenschwester legt ihrem Patienten ein frisches Kissen unter das greise Haupt. Sie erzählt dem kranken Prälaten, wie man ihn vom Altar weg ins „Maria-Hilf"-Krankenhaus gebracht hat und gibt ihm zur Erbauung ein Heiligen-Bildchen. Der Priester erkennt plötzlich seinen Engel wieder und versteht – wenn auch sehr spät – seine Botschaft: Sanctus – von Lateinisch sanus heißt gesund, und heilig von griechisch „holos" bedeutet „ganz", also sollen wir an Geist, Seele und Körper gesunden – das ist letztlich die frohe Botschaft! – Er denkt an seinen Lebenslauf.

„Schade!" ist sein letztes Wort. Doch das hört keiner mehr.

Sei frei

Immer im Käfig, armer Star!
Du siehst zwar die Sonne,
doch kennst du die Wonne
des Frühlings? – ich glaube gar,
die kannst du nicht kennen.
Da nutzt auch kein Rennen
durch deine Laube.
Des Kerkers eiserne Stäbe,
ja wenn's die nicht gäbe,
– das wünschte ich sehr –
Wäre es dir nicht so schwer.

Wie kann ich dir helfen? Bin fremd in dem Haus!
Wäre dies hier mein Käfig, ich ließe dich raus!
Doch, was seh' ich: Wir können hoffen,
wir beide: Das Türchen – juhu! –
und das Fenster steht offen!
Ich rufe dir zu
im Nu: Ei! Ei!

Flieh und sei frei!

So ein Wetter!

Empört faucht Ottilie ihren Mann an: „Was hast du über unser bergisches Wetter gelästert und mir dauernd vom Tessin geschwärmt!“ – Egon wischt sich die Regentropfen aus der Stirn, knickt seinen Regenschirm zusammen und schweigt. Seine Frau aber setzt noch eins drauf: „Seit drei Stunden in Folge sehen wir hier nur Dunst und Regen; ist das deine ‚Sonnenstube der Schweiz‘?“ Egon glaubt sich verteidigen zu müssen: „Im Reiseführer kannst du nachlesen, daß im Tessin an 240 Tagen die Sonne scheint.“ Ottilie gibt nicht auf: „Dann haben wir hier ausgerechnet in unserem Urlaub die restlichen 20 Tage erwischt, oder?“ Eine Zeitlang wandern sie nun schweigend weiter durch die Felder des Mendrisiotto. Hier werden die Äcker noch von Hand bewirtschaftet. Drei Männer stehen am Wegesrand und strahlen. „Finalmente, un tempo fantastico, che la gioia! – „Siehst du!“, sagt Egon und hat schon übersetzt, bevor Ottilie dies verhindern kann:

„Endlich, ein fantastisches Wetter, welche Freude!“

Die Männer haben offenbar Egons Worte aufgeschnappt. Einer von ihnen, der Ottilies mieses Gesicht sieht, bückt sich, hebt die Blätter einiger verkümmerter Pflanzen hoch und sagt in fließendem Deutsch: „Beinahe wäre uns die ganze Ernte vertrocknet“!

„So was Dummes!“

„Du hast gesagt, wir sollen uns alles von der Seele reden, wenn uns was nicht paßt!“ Die kleine Frau schaut erwartungsvoll zu ihrem Mann auf.

„Gut, dann sag mir mal, warum du immer wieder die Zahnputztube in der Mitte zusammendrückst anstatt ordentlich von unten nach oben, die Schuhe erst am Fernsehsessel ausziehst anstatt schon in der Diele, in deinem Nachttisch immer noch Fotos von diesen Miezen aufbewahrst und warum du ...“ Er: „Und du?!“ – Eigentlich wollte er die Banalitäten des Ehelebens übergehen, doch beim zweiten Glas Wein löst sich seine Zunge. „Und du? – Warum mußt du ausgerechnet am Freitagabend mit Lockenwicklern hier rumlaufen, bei jedem Skatabend, den ich mit meinen Freunden hier verbringe, ausführlich von deiner Niederkunft berichten, immer wieder davon anfangen, daß wir mit deiner Mutter in Urlaub fahren müßten, immer wieder dieselben Schnulzen im Fernsehen auswählen? Gib mal die Fernbedienung wieder her, jetzt sofort!“

Der nächste Schlagabtausch wird heftiger, und zwar auf beiden Seiten. Nach fünf Minuten hören auch die Nachbarn, daß da oben was los ist. Aber nach einer Stunde schweigen sich die beiden an und schlafen in der nun der folgenden Nacht getrennt. Sie wissen nun, daß ihre Beziehung womöglich gescheitert ist. Kopfschüttelnd sieht er am nächsten Morgen zu, wie sie den Koffer packt, um zu ihrer Mutter zu fahren.

Sie selbst aber weiß nun auch nicht mehr genau, worum es eigentlich ging, und die Mutter schüttelt den Kopf: „So was Dummes!“

Sofort!

Ein See, ein Baum: ein Traum?
Du glaubst es kaum!
Ein Blick zu den Bergen
und hinunter zum See
löst Schmerzen und Weh!

Drum laß uns schauen
und der Liebe vertrauen
an dem magischen Ort!

Unsere Sorgen entfernen
wollten wir eh …
Warum nicht SOFORT?

Sprachlose Liebe

Ein Märchen für Erwachsene

Es war einmal ein betagtes Liebespaar. Das lebte schon seit vielen Jahren in einer bescheidenen Blockhütte am Ufer eines großen Sees. Gerd und Elisa, so hießen die beiden, waren glücklich und zufrieden. Nach der Arbeit sangen sie gemeinsam und dankten Gott, daß sie sich immer noch liebhatten, wenn auch nicht mehr in der gleichen Art wie vor der Erkrankung des Mannes. Aber darüber sprachen sie nicht. Sie redeten überhaupt kaum miteinander, umarmten sich aber jeden Abend und jeden Morgen und wenn sie wieder miteinander musiziert hatten. Sie waren beide vor Liebe sprachlos.

Eines schönen Tages als Elisa gerade drinnen am Herd stand und Gerd auf der Bank draußen saß und auf den See hinausblickte, kam ein Kiepenkerl vorüber, der in seinem Korb allerlei Waren feilbot. Auf einen stummen Wink Gerds hin setzte sich der Händler neben ihn und versuchte immer wieder ein Verkaufsgespräch in Gang zu bringen. Doch er scheiterte bald an Gerds Wortkargheit. Das ärgerte den sonst so erfolgreichen Verkäufer. Während er eine neue Strategie ersann, zog ein feiner Knoblauchduft aus der Hütte.

„Ah, deine Frau kocht gerade eine würzige Suppe!" Gerd nickte. „Und – klappt alles noch gut mit euch beiden?" – Gerd war zwar wortkarg, aber nicht dumm und verstand sofort, was der meinte. Aber auch hier erntete der Händler wieder nur ein stummes, diesmal etwas heftigeres Kopfnicken. Trotzdem gab der Händler nicht auf. Mit einem Seitenblick auf das greise Haupt seines Kunden langte er in seine Tasche und legte ein kleines Kräuterbündel auf den Tisch. „Trink den Tee davon, bevor du dich zu ihr legst. Du wirst sie wieder wie früher lieben!" Gerd konnte auf einmal reden: „Nein danke, wir brauchen nichts!" Doch der Händler zog schon weiter. Das Kräuterbündel lag noch auf dem Tisch. „Eine kostenlose Probe!", sagte er und verschwand, obwohl er zu gern von der würzigen Knoblauchsuppe gekostet hätte. „Mit Speck fängt man Mäuse!“, sagte er noch leise. Das konnte Gerd jedoch nicht mehr hören. Er war ins Haus gegangen. Das Kräuterbündel hatte er in die Tasche gesteckt. Er liebte seine Frau so sehr, daß er alles begrüßte, was diese Liebe womöglich noch steigern könnte ...

Und tatsächlich geschah das Wunder. In der folgenden mondhellen Nacht drangen Schreie aus der kleinen Hütte, so daß ein Rehbock, der sich ihr genähert hatte, mit einem Seitensprung davon stob. Ja, es war tatsächlich zunächst ein männlicher Freudenschrei, in den jetzt auch eine Frauenstimme mit einfiel.

Stumm genossen die beiden das neue Glück und sprachen auch am nächsten Morgen nicht miteinander über dieses neue Geschenk. Statt dessen hing nun jeder seinen eigenen Gedanken nach, die dann in den nächsten Tagen immer mehr Gestalt annahmen. So dachte Gerd, als er am Seeufer angelte, an seinen fünfundsiebzigsten Geburtstag, den sie beide mit Freunden in den nächsten Tagen feiern wollten. Er dachte ans Älterwerden und erschrak: „Wohl kaum wird mich später Elisa genauso lieben können, wenn meine Kräfte dahinschwinden, und sie wird mir zuliebe sich natürlich nichts anmerken lassen und still leiden.“

Er fror und zog seinen Mantel fester um sich. Nein, das durfte er ihr nicht antun,

um der Liebe willen, die sie ihm seit Jahren entgegengebrachte. Er packte sein Angelzeug ein. Die Fische wollten heute nicht anbeißen. Auf dem Heimweg reifte sein Entschluß, sich still davonzumachen, ohne mit Elisa zu reden. Warum sollte er sie mit Gerede darüber noch unnötig verletzen. Als er jedoch zu Hause sein Reisebündel schnüren wollte, fand er zu seinem Erstaunen einen Zettel von ihr auf dem Tisch: „Lieber Gerd, ich muß Dich verlassen.“ Ich will Dir nämlich nicht im Wege stehen, da du jetzt offenbar Deine Jugendkräfte wiedergewonnen hast. Und mit meinem Gerede darüber hätte ich Dich sicher nur verletzt. Ich wünsche Dir von Herzen alles Gute – mit einer jüngeren Frau!“

Er war sprachlos, verstand aber sofort, daß sie sich beide mal wieder einig waren in der Liebe. Jeder liebte den andern bis zur Selbstaufgabe. Eigentlich ein ganz fantastischer Gedanke – doch ganz wohl war ihm nicht dabei. Er schloß die Hütte ab und wanderte so lange am Seeufer entlang, bis ihn gegen Abend die Müdigkeit überfiel und er am Ufer einschlief.

Er konnte nicht wissen, daß seine liebe Frau andersherum den See umwandert hatte und nicht weit von ihm ebenfalls vor Müdigkeit hingesunken war. Beide dachten in Liebe aneinander. Und diese Liebe war es dann auch, die einen Engel zu ihnen sandte: „Woher willst du wissen", fragte er den Gerd: „Woher willst du wissen, daß deine Elisa dich im hohen Alter nicht mehr lieben mag?" – Und die Elisa fragte er: „Woher nimmst du an, daß sich Gerd jetzt zu jüngeren Frauen hingezogen fühlt?" – Und zu beiden gewandt laut und mit flammendem Blick: „Warum verschmäht ihr die Sprache, die euch der Herr gerade im Hinblick auf die Liebe geschenkt hat?" Die Tränen, die jetzt beiden über die Wangen rannen, vereinigten sich zu einem kleinen Rinnsal, das im Ufersand verrann. Die Sonne war schon untergegangen, doch der Engel führte die beiden Liebenden zu ihrer Hütte zurück. Nicht nur heute Nacht, sondern fortan jeden Tag konnte man im Innern der Hütte ein aufregendes Stimmengewirr vernehmen. Der Förster, der des Weges vorüberkam und innehielt, glaubte sogar außer den Stimmen der beiden Alten, die er gut kannte, noch eine dritte, helle Stimme zu vernehmen. Und wenn sie nicht gestorben sind, dann reden sie immer noch. Dem Kiepenkerl reichen sie übrigens jedes Mal, wenn er vorbeikommt, eine warme Suppe mit Knoblauch.

Steiniger Weg

Den Weg dann zu Gott
auf stolprigen Steinen:
versuch' ihn zu gehen
ohne zu weinen!

Bitt' deine Freunde,
ihn mit dir zu gehen,
die Mühe wird leichter,
wirst es schon sehen!

Steine des Anstoßes,
bring' sie ins Rollen!
Begegne dem Du nun
ohne zu grollen!

Zusammenhaltet,
teilt euer Leid!
Der steinige Weg
führt endlich zur Freud!

Teufelsgeflüster

Eigentlich will ich einen erholsamen Waldspaziergang unternehmen, wenn auch der Himmel düster und grau über dem Gebirge hängt, aber was um Himmels willen stinkt hier so abscheulich, frage ich mich, als ich tiefer in die Schlucht vor mir hinabsteige.

Da bemerke ich an einer Felswand gegenüber die Basaltsäulen eines erloschenen Vulkans und kann mir nun die penetranten Schwefeldämpfe erklären. Zur Entspannung und Meditation bin ich in dieses Waldgebirge der „Roßtrappe" gestiegen, die auch Teufelsfelsen genannt wird. Besonders in der Walpurgisnacht wird sie bekanntlich noch heute von Esoterikern und Touristen regelmäßig aufgesucht. Vor mir liegen Schnapsflaschen, Kondome und Zigarettenkippen als traurige Relikte dieser Vandalen. Ich möchte in unberührter Natur zu mir selbst finden, will einen neuen Anfang machen mit einem gesünderen Leben und vor allem meine Raucherei in den Griff bekommen. Für mein Vorhaben ist dies hier also offenbar nicht der richtige Ort. Ich drehe mich um und entdecke einen bequemen Quaderstein, der direkt zum Sitzen einlädt. Da mein linkes Knie wieder schmerzt, lasse ich mich zum Ausruhen nieder und zünde mir eine Pfeife an. Ist es wieder die Wirkung dieses Nikotins oder meine Übermüdung, jedenfalls glaube ich durch den Rauch und durch den Dunst an der Felswand gegenüber eine gespenstische Gestalt zu entdecken, die sich auf mich zuschlängelt und – ich staune darüber – mit mir zu reden beginnt: „Bravo, mein Freund, um neue Ideen zu finden, ist Rauchen immer richtig. Ich selbst bin eins mit dem Rauch seit eh und je!" – „Aber ich will ja gerade weg von diesem Teufelszeug!", entgegne ich. Wütend stampft die Gestalt auf den fauligen Boden. „Laß dir das nicht einreden, alles, was Gott schuf, ist doch gut, oder?" Etwas unsicher stimme ich zu. „Aber die vielen Lungenkranken und Todesfälle ..." – „Papperlapapp", flüstert er. „Statistiken sind nur eine andere Form von

Lügen, und sterben mußt du sowieso, also warum willst du nicht das bißchen Leben genießen?" – „Aber ist dieses Suchtleben denn wirklich ein Genuß?", wende ich ein. – Die Gestalt kommt naher und flüstert geheimnisvoll: „Um das herauszufinden, mußt du noch viel mehr und vor allem regelmäßig rauchen, am besten noch vor den Mahlzeiten! Im aufsteigenden Tabakqualm nämlich löst du dich vom Alltagsstreß und vergißt bald alle deine Sorgen. Die Seele steigt mit dem Rauch auf in ein neues Universum. Du wirst sein wie Gott, da du dich keinen Bindungen mehr verpflichtet fühlst ...!" – Ich gebe zu, daß dies eine verführerische Aussicht ist. Andererseits erinnere ich mich an den Sündenfall aus der Bibel und ahne, daß mein Gegenüber ein diabolischer Verführer, wenn nicht gar der Satan selbst sein muß. Aber ich habe von meiner Freundin noch eine Menge Argumente gegen diese Sucht gesammelt. Diese will ich in die Diskussion einbringen. „Nora meint, die Nikotinsucht sei ebenso wie alle anderen Süchte nur ein schlechter Ersatz für ein naturgemäßes und damit wirkliches Leben!" – Hinkend kommt die Gestalt näher. Rauchzart ist ihre Stimme nun: „Auch die Tabakpflanze ist ein Bioprodukt und gehört zur Schöpfung! Im Übrigen mußt du die Diskussion immer wieder auf andere Themen und Gebiete lenken, wenn du dich von diesen Klugscheißern befreien willst." Spricht es und gibt einen lauten Furz von sich. Ich merke, wie wir allmählich in ein mir unbekanntes Fahrwasser geraten.

Der Himmel hat sich düster bewölkt, und in der Ferne grummelt ein Gewitter heran. Ich will heim. Satan setzt sich rauchend neben mich und fahrt flüsternd fort: „Du mußt das Gespräch einfach auf ein anderes Thema bringen, beispielsweise auf den Alkoholgenuß oder auf Leute, die dir übel wollen, auf die blöde Regierung oder die langweiligen Kirchen. Du kannst auch aus dem angeblichen Drogenproblem ein soziales Problem machen!" „Aber dann komme ich ja vom Regen in die Traufe!" Ein Blitz zerreißt das Bild der vor uns liegenden Schlucht, und mit dem darauf folgenden Donnerschlag klatschen die ersten Regentropfen des Gewitters auf unsere Köpfe, Wir ziehen uns in eine Höhle in der Felswand hinter uns zurück, und

Satan hat flugs ein Feuer entzündet aus Touristenmull und verdorrten Zweigen. Ich selbst fühle mich unwohl. Wenn ich aus der Höhle entfliehen will, muß ich erst mal durch dieses Feuer springen und gerate dann noch in einen bösen Wolkenbruch. Doch der Diabolos, also der Zerstörer, reißt mich aus meinen Fluchtgedanken: „Wenn du ein soziales Problem daraus machst, gelingen dir auf Anhieb Schuldzuweisungen. Du weißt doch aus eurer Literatur, wie ambivalent menschliche Beziehungen sind, und mit diesem Ausdruck kannst du erfolgreich operieren."

Ich bekomme allmählich kalte Füße. Er fährt fort: „Angriff ist die beste Verteidigung. Du beschuldigst dein Gegenüber, dich unter Druck setzen zu wollen, und das wird halt eine Trotzreaktion hervorrufen und dich wieder zum Rauchen bringen." Ich stehe auf. „Aber das ist doch gelogen!" – Teuflische Augen blitzen mir zornig entgegen. Doch die diabolische Stimme bleibt leise: „Das ist doch scheißegal – Argumente hin oder her. Alles hat sich nur nach dem einen Ziel auszurichten: Ich werde rauchen, ich werde noch mehr rauchen, ich werde alle andern vom Rauchen überzeugen!"- Ich renne durchs Feuer und stürze hinaus ins Gewitter. „Zum Teufel mit dir! Du wirfst ja alles durcheinander!" – Mit dem Rauch verzieht sich auch der Schattengeist. Offenbar fühlt sich Satan erkannt und entfernt sich mit einem höhnischen Gelächter: „Du Dummer, drum heiße ich doch Diabolos!"

Erleichtert, aber völlig durchnäßt entsteige ich der Schlucht. Ich muß immerfort husten. Das Gewitter hat die Wolken beiseitegeschoben. Jetzt schmerzen meine beiden Knie, und ich bin froh, als ich endlich zu Hause ankomme. Daß ich meine Pfeife in der Schlucht verloren habe, freut mich eigentlich. Ich packe das Teufelszeug nicht mehr an. Außerdem werde ich sowieso mein letztes Geld zusammenlegen müssen für eine dringende Operation. Mein Arzt redet nämlich von Schatten auf meiner Lunge.

„Man braucht nur ein Stück herauszuschneiden,
alles Routine", meint er.

Teurer Rat

„Kannste mal für mich mit bezahlen?“ – Verlegen rührt Renate in ihrem Kaffee, führt aber die Tasse nicht zum Mund. Waltraud weiß, was sie an ihrer Freundin hat und nickt. „Aber du hattest doch vorige Woche so viel Geld!“ – Renate blickt auf ihren leeren Teller. „Ja schon, ich wollte bei der Bank mein Erspartes umschichten. Eine Immobilie brächte viel Gewinn – schon wegen der Steuervorteile, hat der Berater gesagt“ – „Na, und?“ – „Auf einen Kredithai bin ich hereingefallen! Mein Erspartes reichte nicht aus, und da habe ich noch einen Wechsel unterschrieben, um das Häuschen bezahlen zu können. Jetzt aber steht fest, daß es unbewohnbar ist: Aufsteigende Feuchtigkeit!“ Waltraud wiegt bedenklich den Kopf hin und her: „Das war sicher für dich ein teurer Rat, manche Menschen denken eben nur an ihren eigenen Vorteil. Prüfe, bevor du dich traust!“ Nach einer peinlichen Pause fährt sie leise fort: „Warum hast du damals nicht auf Rudi gehört, der dir davon abgeraten hat?“ Mit einem Ruck wirft Renate die Haare aus dem Gesicht. „Ach, dein Rudi, weißt du, der ist immer so direkt und schroff. Du selbst hast mir von eurem mißglückten Treffen erzählt. Durch seine rechthaberische Art ging doch damals euer Abend in die Brüche!“ Waltraud will sich gerade eine Zigarette anzünden, legt sie aber sofort wieder beiseite. „Das stimmt. Ich fühlte mich durch sein ständiges Überstülpen von guten Ratschlägen wegen meiner Raucherei vor den Kopf gestoßen.“ Renate richtet sich auf: „Sage ich doch!“ Die Freundin aber faßt sie am Arm. „Hör zu! Nach unserem Streit war mir klar, daß Rudi sich ja auch selbst den Abend versaut hatte. Er wollte doch schließlich mit mir tanzen gehen!“ Renate beugt sich neugierig vor. „Und nun seid ihr nicht mehr zusammen?“ Waltrauds Augen blitzen. „Im Gegenteil! Wir haben einen neuen Anfang gemacht! Ich jedenfalls prüfe bei jedem Rat, den mir jemand gibt, ob der andere davon irgendeinen Vorteil hat, wie in deinem Fall. Wenn aber der Ratgeber sogar Nachteile für sich selbst in Kauf nimmt, ist mir dieser Mensch lieb und teuer!“

Trennung

Der Wind durchstreift mein schütteres Haar.
Ist alles noch so, wie es früher mal war?

Ich sitze am See,
meine Seele tut weh.
Was kann ich denn machen?
Mir fehlt hier Dein Lachen!
Ich hab' zwar die Sonne,
doch wo ist die Wonne,
die damals ich fand,
als wir lagen am Strand
und vor uns das Meer ...
Lang' ist es her!

Wo soll ich denn hin?
Nach nichts steht mein Sinn.
So suche ich jenes und finde dies.
Seit ich dich mußte lassen,
beginn ich zu hassen
mein Paradies
Dort, vor mir, der Baum,
er tröstet mich kaum:
Mein Herz will zurück
zu dir, meinem Glück!

Der Wind zerzaust mein schütteres Haar.
Nichts ist mehr so, wie es früher mal war!

Trotzdem!

Trunken waren wir
lange vor Glück.
Wir dachten an heute
nur nie an zurück.

Ich hatte den Durchblick,
glaubte ich,
doch ahnte ich nicht,
wie schwer es für Dich
war, zu mir zu stehen.

Du hießest mich gehen.
Das muß ich verstehen
und dank' dir trotzdem,

denn es war schön

Überglücklich

„Moment, Herr Kollege!“ – „Ja, bitte.“ – „Haben Sie unser neues Neuröschen schon gesehen?“ – „Nein, wieso?“ – „Interessanter Fall! – zumal wir doch im Regelfall Patienten mit negativen Emotionslagen zu therapieren haben ...“ „Wollen Sie damit sagen, daß 69 wegen positiv überhöhter Gefühlslage bei uns ist? – Wie heißt der übrigens?“ – „Cramer, stammt offenbar aus dem Tessin, ja, der hat davon zu viel, wovon andere zu wenig haben.“ „Sie meinen, von Glücksgefühlen, ist doch prima!“ „Eben nicht, Herr Kollege, was zu viel ist, ist zu viel, das ist Ihnen doch sicher schon aus anderen Fällen bekannt.“ „Gut, ich werde mir mal ein Urteil bilden!“

„Na wie geht's uns denn, Cramer?- Sie haben ja das gesamte Zimmer verwüstet! – Schwester! Rufen Sie die Putzkolonne, ich nehme den Patienten derweil mit ins Beratungszimmer.“ – „Herr Doktor, helfen Sie mir, ich will Schluß machen, lassen Sie mich auf den Balkon!“ – „Aber, nun beruhigen wir uns erst mal, hier ist eine Tablette, einfach runterschlucken ... gut so, und nun erzählen Sie mal!“ – „Wissen Sie, ich habe alles erreicht, wovon ich geträumt habe, habe erwachsene Kinder, die froh ihrem Beruf nachgehen, habe meine Pension, meine Freizeit, einen idyllischen Ruhesitz und vor allem eine himmlische Frau, die mir paradiesische Freuden schenkt. ein so göttliches Glück, daß es über meine Kräfte geht. Mein Herz zerspringt. ich muß mich vom Balkon stürzen!“ – „Nun, bleiben Sie mal gelassen, ja, weinen Sie ruhig!“ – „Nein!! – wenn Sie mir nicht helfen ... sehen Sie dieses Messer hier?“ – „Schwester!! – Holen Sie Verstärkung! – Ja mindestens zwei, und mit 'ner Zwangsjacke!“

„Nun, Herr Kollege?“ – „Sie haben recht, dieser Cramer mischt unser ganzes Sanatorium auf. Der Überglückliche wird auf Dauer genauso überfordert wie andere, die todunglücklich sind. Was halten Sie von Sedativa?“ – „Nur als vorübergehende Indikation –Als Therapie scheint mir eine Gegenkonditionierung angebracht" – „Sie meinen, wir sollten von diesem ‚Überglück' unseres Patienten einen Teil abschöpfen, damit er das normale menschliche Glück wieder ertragen kann!" „Genau! ..." – „Gut, versuchen wir es!

„Herr Cramer, wachen Sie auf!" – „Wissen Sie schon, daß man Ihr Auto gestohlen hat?" – „Na und: Hauptsache, meine Mora liebt mich immer noch!" – „... und daß Ihr Hund überfahren wurde?" – „Na und: Hauptsache, meine Mora liebt mich immer noch!" – „... und daß Ihr Haus abgebrannt ist?" „Na und: Hauptsache, meine Mora liebt mich immer noch!" „Sie erhalten in diesem Zustand der Unzurechnungsfähigkeit übrigens von keiner Bank mehr Kredite!" – „Na und: Hauptsache, meine Mora liebt mich immer noch!" – „Schwester! Das Barbiturat wird ab heute verdoppelt, wir wollen kein Risiko eingehen." –

„Ach, Herr Kollege, gut, daß ich Sie sehe, mit 69 komme ich nicht weiter. Wer ist übrigens diese Mora?" – „Das ist doch Cramers Angebetete!" – „Ach so, dann muß ich eben dort ansetzen, Danke!" – „Schwester, hier, lassen Sie diese Todesnachricht in unsere Hauszeitung setzen!" – „Moment mal ... eine gewisse Mora wurde heute tot aufgefunden ... Zyankali ... Abschiedsbrief ... Aber stimmt das denn, Herr Doktor?" – „Tun Sie, was ich Ihnen sage, ich bin der Oberarzt!"

„Herr Kollege, warten Sie! – Was sagen Sie zum heutigen Zeitungsartikel ‚Todesfall in der Klinik! Patient vom Balkon gestürzt!'? Da haben Sie wohl ein bißchen zu viel vom Glück unseres Patienten abgeschöpft, wie?" – „Na ja, ich mußte doch die Dosierung erhöhen!" – „Keine Sorge, ich decke Sie, falls es Scherereien gibt; aber helfen Sie mir nun bitte bei meinem Fall! Ich habe da seit heute eine Patientin Mora ... Sie wissen, die von unserem Cramer. Natürlich ist die nicht tot, war ja alles nur fingiert. Aber die liegt jetzt apathisch in meiner Station und will nicht mehr leben, seit Moritz, so muß wohl ihr ‚Stern' geheißen haben, tot ist. Und in diesem Fall helfen leider auch keine Sedativa ..."

„Nun, über solche Fälle müssen wir in unserem Beruf hinwegkommen, wenn wir nicht selbst unglücklich werden wollen ..." – „Wie recht Sie doch haben!"

Unser neues Leben

Wollen wir lieben, wollen wir leben
und gegenseitiges Glück uns geben?
Als Kinder nahmen wir dankbar an,
was der Schöpfer uns schenkte
dann und wann:
die warme Sonne am Morgen,
ein Spiel auf der Wiese
ganz ohne Sorgen,
das Essen bei Mutter,
der Schlaf in der Nacht;
wie hat uns das alles
so glücklich gemacht!
Können uns das die Genußgifte geben?
Lasset uns lieben! Lasset uns leben!
Ich wollte ja nur mein Glück noch steigern
und folgte der Werbung,
statt mich zu verweigern:
Ich rauchte „mal eine",
trank Bier und Wein
und fiel immer mehr auf die Gifte ein.
Kann ich dem frühen Tod entrinnen?
Willst du mit mir neues Leben beginnen?
Die Kraft zur Umkehr
finden wir gemeinsam
In der Liebe sind wir nie einsam

Unten und oben

Ich schwebte auf Wogen nach unten und oben,
doch wie die Wellen des Schicksals auch toben,
ein Leben mit dir, das will ich loben!
Wir stiegen gemeinsam den Berg hinauf.
Nur Lachen und Scherzen bremsten den Lauf.
Erst spät sind wir oben angekommen,
die Augen waren vor Glück ganz verschwommen.
Wir sahen nicht der Landschaft Pracht
und auch nicht das Funkeln der Sterne bei Nacht.
Unser Blick war versunken im Antlitz des Andern,
die Kälte zwang uns dann, weiter zu wandern.
Als aber wir endlich kamen ins Tal,
da wußten wir: Jetzt kommt wieder die Qual.
Zwar endet für heute das Liebesglück,
doch meine Gedanken, die bleiben zurück.
Ich schwebe auf Wogen nach unten und oben,
doch wie die Wellen des Schicksals auch toben,
ein Leben mit dir, das will ich loben!

Versöhnung

Du mußt mich verstehen:
Ich wollte schon gehen,
doch bleibe ich stehen,
um zu reden mit dir.

Was ist passiert?
Ich hab' mich geniert,
es offen zu nennen …
Nun muß ich brennen
vor Leid

Gemeinsame Worte
gleich hier schon am Orte
geben Vertrauen
darauf kannst du bauen –
mit mir.

Warum?

Warum habe ich damals die Freundin verlassen?
Ich liebte sie doch – Ich kann es nicht fassen.
Wir genossen das Glück über viele Jahre,
und heut' steh ich ratlos an ihrer Bahre!

Warum nur? Frag' ich mich oft und oft.
Täglich hatte ich neu gehofft,
sie könnte doch endlich die Drogen meiden.
Ich sagte, sonst könnte ich sie nicht mehr leiden.

Wie dumm, wie lieblos ich damals gedacht,
hab mit ständigem Druck alles schlimmer gemacht!
Sie bat mich: „Warte, will alles versuchen,
doch wenn es nicht klappt, sollst mich nicht verfluchen!"

Hätte ich doch mit ihr genossen das Leben,
statt ständig nach neuer Gesundung zu streben!
Sie wählte den Tod – wohl auch aus Verdruß,
ich bleib' noch am Leben, warum? – Weil ich muß.

Warum hab' ich damals die Freundin verlassen?
Ich liebte sie doch – Ich kann es nicht fassen

Was ist das nur?

Da laufe ich nun durch Wald und Flur
und durch die Stadt. – Was ist das nur?

Alles will ich hinterfragen,
über alles muß ich klagen,
nichts gelingt mir, wie es muß,
alles macht mir nur Verdruß …

… bis endlich ein Termin ansteht
mit ihr – und alles besser geht!
In Eile sause ich dann hin
zu ihr, nichts Anderes hab' ich im Sinn.
Und bin ich endlich erst bei ihr,
fällt plötzlich alle Last von mir.

Ich sinke sanft in ihren Arm,
ich spüre ihr Herz, und mir wird warm.
Sie schafft es, als dreht sie nur am Rädchen.
Wieso sie's kann? Sie ist mein Mädchen!

Was ist Glück?

Die Klinik liegt im Abendlicht der untergehenden Sonne. „Schwester! Bleiben Sie doch noch ein Weilchen!" – Der todkranke Patient deutet mit den Augen nach draußen. Die Schwester der Intensivstation folgt seinem Blick und nickt. Herrlich vergoldet die untergehende Abendsonne die blühenden Kastanienbäume im Park der Lungenklinik. „Bitte, Schwester!" – Sie versteht und öffnet den Fensterflügel. Der Krebskranke nimmt mit dem Rest seines intakten Lungenflügels die laue Abendluft auf und genießt mit sichtlichem Behagen den Duft der Jasminsträucher. Schwester Amabilis trägt ihren Namen zu Recht. Sie beugt sich zu dem Kranken hinunter, vergißt ihre Dienstvorschriften und lässt sich vom ihm den Busen streicheln. Das kaum hörbare „Danke" des Kranken, der morgen wahrscheinlich nicht mehr leben wird, begleitet sie auf ihrem schweren Dienst noch nach Jahren.

Aus der Villa gegenüber dringt Gezeter. „Hören Sie, wofür bezahle ich Sie?" – Der elegant gekleidete Juniorchef drückt die soundsovielte Zigarette aus und stürzt einen weiteren Whisky hinunter. Zornesfalten stehen in seinem im Gesicht. „Sie sind doch Psychologin! Dann tun Sie was!" – Die greise Dame kann nach ihrer Ausbildung in Psychologie und Philosophie auf ein reiches Tätigkeitsfeld zurückblicken. Doch ein solcher Querkopf bringt sie an den Rand der Geduld. Gut, der Patient ist alkohol- und nikotinabhängig, das wäre noch therapierbar, wenn er bereit wäre, mitzumachen, sich in Frage zu stellen und auch mal ein Opfer zu bringen. Doch die Gedanken dieses verwöhnten Dandys kreisen offenbar immer nur um ihn selbst. War es gestern die falsche Farbe, die sein Schneider für den Maßanzug ausgesucht hat, so ist es heute offenbar die Lederauskleidung seiner neuen Yacht, die einen falschen Farbton hatte. „Zum Haare raufen!" – Ein Glas zersplittert an der Bar. „Bitte beruhigen Sie sich! – Das lässt sich doch alles in Ordnung bringen, für Ihren Herrn Papa ist das doch ein Klacks!" – „Hören Sie bloß auf!“ – Die Halsschlagader des jungen zornigen Mannes schwillt bedrohlich an. „Der denkt doch nur an die Firma!“ – „Das hat er schon immer getan, seit Mutter tot ist.“ Der Juniorchef taumelt zum Balkon und hat sich bereits hinuntergestürzt, ehe Frau Doktor einschreiten kann. „Ein hoffnungsloser Fall“, meint sie kühl, „offensichtlich nicht therapierbar!“

Was tun?

Da lieg ich nun
fast leblos – was tun,
wenn die Liebe alles erschlafft?
Wo ist meine Kraft,
die gestern noch fleißig geschafft?

Da lieg ich nun,
die Gedanken ruhen
und lassen mich schweben!
Was soll ich noch reden:
Mit Dir will ich leben

... irgendwo!

Wozu?

Und wieder wollte der Jüngling fort.
Die Unruhe trieb ihn von Ort zu Ort.
Er fand keinen Sinn mehr in seinem Streben:
Die Liebste verließ ihn, was sollt' er noch leben?
So wollte er nicht mehr weiterhetzen
und dem lustlosen Leben ein Ende setzen.

Da hört' er von einem weisen Mann.
„Ob der mir nicht irgendwie helfen kann?"
Er traf ihn am Abend und fragt' ihn „Wozu
sollt' ich strebend mich mühen, wenn alles im Nu
seinen Sinn doch verliert. – Warum nur, WOZU?"

Der Weise rief ihn herbei von fern.
Am Himmel stand leuchtend ein heller Stern.
„Schau her!", sprach der Alte, „den hab' ich gern:
Am Morgen und Abend ein Liebeszeichen:
Da sollten die kleinlichen Sorgen weichen.

Erkenne den Meister, der alles geschafft!
Bei ihm sei geborgen,
dann schwinden die Sorgen,
du spürst neue Kraft

und neue Freude wird dich durchströmen,
bald wirst du dich mit der Freundin versöhnen!

Zum Umzug

Vor kurzem erst haben wir uns gefunden,
und häufige Zuwendung ließ uns gesunden.

Wir bleiben zusammen nun ohne Vertrag
in Freiheit, solange ein jeder von uns dies mag.

Uns bleibt ja die Hoffnung, zusammen zu stehen,
ob die sich erfüllt? – wir werden ja sehen ...

Gott führt uns zusammen, wir spüren die Gnade,
Sein Wirken verwerfen, wäre mehr als nur

„Schade"!

Zwei ungleiche Paare

„Ein herrlicher Herbstabend!" – Die alte Adele blickt verzückt aus dem Fenster des Kurhauses auf die von der Abendsonne vergoldeten Hügel der Toskana. Ihr etwas schwerhöriger Ehemann Emil hat zwar die leisen Worte seiner Frau akustisch nicht verstanden, doch kann er an ihren Augen abgelesen, was sie meint. Ohnehin verstehen sich die betagten Alten schon seit Jahren auch ohne viele Worte. Dagegen hat das junge Paar auf der anderen Seite des Tisches kein Verständnis für diesen Ausspruch. Es hat längst sein Abendessen beendet. Beide rücken unruhig auf ihren Stühlen hin und her. „Bald sind wir wieder weg", meint Moritz auch im Namen seiner jungen Frau Wilma. „Morgen früh klatschen wir uns auf die Autostrada del Sole und sausen raus aus dieser trostlosen Gegend hier." Wilma nippt genüßlich an ihrem köstlichen Cappuccino. „Wie du meinst, Moritz", sie mag ihrem Mann nicht widersprechen, blickt aber dennoch neugierig auf das alte Paar gegenüber. Die beiden scheinen ihr doch einiges an Lebenserfahrung voraus zuhaben. Adele fängt den fragenden Blick auf und verkündet freimütig ihre Meinung: „Genießt doch diese Stille der Toskana! Diesen Frieden wie hier kriegt ihr selten! Wir jedenfalls fliehen wir die Betriebsamkeit der Zivilisation, wo wir nur können!"

Diese Meinung mag Moritz nun gar nicht hören. Er zerknüllt zornig seine Serviette. „Was kann man denn hier schon ohne die moderne Errungenschaft der Technik und ohne das weltweite Internet mit seinen universellen Infos und ohne ..." Er stoppt seinen Redefluß. Was verstehen diese beiden Alten schon vom modernen Leben?

Der alte Emil hat offenbar den letzten Satz mitbekommen und schaltet sich ein. „Junger Mann, ihr beiden wollt doch schließlich was haben von eurem Leben. Dann also denkt mal nach, wovon ihr das größtmögliche Glück erwarten könnt!"

Moritz schiebt das leere Geschirr von sich und legt los: „Vor allen Dingen wollen wir was erleben, wollen ‚Action', weltweite

Kommunikation, Spiele und auch Liebe!“ – Der alte Emil beugt sich vor. „Interessant, daß Sie die Liebe erst an letzter Stelle erwähnen“, erwidert er und erntet dabei einen bewundernden Blick von Wilma. Adele legt ihre Locken zurecht und vertieft diesen Gedanken. „Für uns jedenfalls ist die Liebe bereits seit vielen Jahren zum Grundnahrungsmittel geworden.“ Moritz mustert die beiden verständnislos von der Seite. Sein Kinn klappt herunter. Die Alte ahnt offenbar seine Gedanken. „Junger Mann, Sie können vielleicht noch nicht verstehen, welche Wonnen auch das Alter bietet – natürlich nur dem, der sie auch annimmt.“

Moritz lockert seinen Hemdkragen. „Ich dachte, wenn man so alt ist, so jenseits von Gut und Böse“ …Er bemerkt den peinlichen Blick Wilmas und schweigt. Doch die beiden Alten lachen lauthals. Adeles Augen blitzen: „Ja, aber die Gefahr der seelischen Verarmung haben wir seit Jahren erkannt und – gebannt.“ Auf den fragenden Blick von Moritz entgegnet nun Emil. „Sie wollen wissen, wie, nicht wahr? Nun, wir haben an unserer Liebe ständig gearbeitet – so wie andere an ihrem Gärtchen.“ – Und Adele fügt verschmitzt hinzu: „Und zwar je länger, je lieber!“

Emil ahnt, daß Moritz mehr wissen will. „Sehen Sie, manche meinen, mit dem Älterwerden nähmen zwangsläufig viele Freuden des Lebens ab!“ – Moritz zündet sich eine Zigarette an und mißachtet dabei die empörte Blicke der anderen. „Und eure Gebrechen und Krankheiten?“, wirft er ein, und damit wird die Diskussion der ungleichen Paare deutlich derber. Davon kann nun der schwerhörige Emil ein Lied singen. „Natürlich sind diese Dinge nicht wegzudiskutieren“, gibt er zu, „doch damit wurden und werden wir fertig – und ihr hoffentlich später auch!“

Inzwischen hat Adele ihren alten Mann in den Arm genommen und ergänzt: „Mit Fantasie und Erfindungsgabe versuchen wir jedes altersbedingte Übel auszugleichen.“

„Auch in der Liebe?“, fragt Moritz forschend und erntet von Wilma ein empörtes Erröten, doch sie rückt der alten Adele interessiert näher. Die aber jubelt: „Gerade und besonders in der Liebe! Das meinten wir vorhin mit Liebesarbeit“ Die nächste Frage von Moritz finden dann alle drei etwas ungeniert. „Und wie sieht das im Einzelnen aus?“ Der alte Emil erinnert an den Anfang der Unterhaltung: „Seht ihr beiden, das könnt ihr nur in Ruhe und Abgeschiedenheit wie hier für euch herausfinden.“ – „Wenn ihr guten Willens seid, braucht ihr außer dieser Ruhe nur noch Fantasie!“ Das waren der Schluß des Gespräches und das Schlüsselwort für das junge Paar.

Der Wirt aber wundert sich, daß die jungen Leute noch für zwei Wochen nachbuchen.

Andere Blickwinkel

1. Das verlorene Gleichgewicht

Einige Schneeflocken verirren sich bis in die Halle des Kölner Hauptbahnhofes. Doch kaum daß sie auf den glatten Gleisen zur Ruhe kommen, haben sie ihr kurzes Leben bereits ausgehaucht. „Achtung auf Gleis eins! Einfahrt hat jetzt der D-Zug nach Mailand über Mainz, Basel, Lugano, Chiasso. Bitte zurücktreten!“ Das Echo aus dem übersteuerten Lautsprecher weicht wieder dem Gemurmel der Wartenden und dem wimmernden Quietschen der Handwagen. – „Bitte, wo befindet sich die erste Klasse?“ Der Herr im hellen Mantel friert. Während er sein Fotozubehör zu bändigen sucht, fällt ihm sein Ferienführer „Die letzten Paradiese“ aus der Hand. Als er sich danach bückt, verliert er beinahe das Gleichgewicht. Die Stirn der Bahnbeamtin runzelt sich: „Zurück, bitte – dort entlang!“ – Ihren Zeigefinger krönt ein dezent lackierter Nagel. Mit hochrotem Kopf hastet Gerd nach vorne. Als Filialleiter eines großen Freizeitunternehmens will er sich einen Sitzplatz in der ersten Klasse sichern. Er findet schließlich noch einen Fensterplatz einem Geistlichen gegenüber, grämt sich aber ein wenig, daß er „rückwärts“ rollen wird.

„Gestatten, Gerd.“ – Er stellt sich dem älteren Würdenträger vor und hofft auf eine angeregte Unterhaltung. Der Prälat blickt auf und nickt ihm würdevoll zu: „Dr. Hofstatt.“ Als er sein Buch zuklappt, kann Gerd den Titel entziffern: „Das Gelobte Land.“ Der Manager weiß noch nicht, ob und wie er ein Gespräch in der Adventszeit beginnen soll.

„Der Weihnachtsrummel rollt wieder auf vollen Touren“, meint er vorsichtig. Der Prälat beugt sich zu ihm herab: „Nun, die Menschen wollen offenbar die Geburt unseres Erlösers gebührend feiern. Schließlich ist dies eine frohe Botschaft für alle Gläubigen!“ Gerd denkt an seinen heutigen Gang durch die glitzernde Kölner Innenstadt und über den lärmenden weihnachtlichen Neumarkt. „Aber entschuldigen Sie mal, was haben denn diese Christkindl- oder Weihnachtsmärkte, was hat das ganze Weihnachtsgeschäft noch mit der Geburt eines Erlösers in einem armseligen Stall zu tun?“ Er sieht, daß sein Gegenüber schon Luft geholt hat für eine Erwiderung, doch er ist nun einmal in Fahrt: „Da steht in einem Juwelierladen auf der Hauptstraße ein kleiner vergoldeter ‚Stall von Bethlehem‘ für fast 10 000 Euro!“ Nachsichtig lächelt der Prälat und versucht, eine gemeinsame Basis zu schaffen: „Sie mögen teilweise ja recht haben, was die Auswüchse der weihnachtlichen Geschäftigkeit betrifft. Statt sich in weltlichen Dingen zu verzetteln, sollten sich die Menschen besser zum gemeinsamen Gebet um den rechten Glauben versammeln mit unserer heiligen Mutter, der Kirche, denn nur sie ist die Hüterin allen Heiles! Darum ist für sie das Beste gerade gut genug.“ Die Stirn des Prälaten hat sich in Falten gelegt. „Bereits seit Jahrhunderten“ – will er ausholen, doch mit einem besorgten Blick auf die erregte Gestik seines Gegenübers begnügt er sich mit dem sanften Hinweis: „Mein Herr, Sie werden doch zugeben müssen: Was nichts kostet, das ist auch nichts wert!“ Damit steht er abrupt auf, und das silberne Kruzifix auf seiner Brust gerät bedrohlich ins Schleudern. „Übrigens“, fügt er mit einem Blick durchs Fenster hinzu, während er sich eilig entfernt „Bald kommt Koblenz“. – Gute Reise!“

Die Schiebetür schnappt zu, und Gerd sieht den Prälaten mit seinem Buch unter dem Arm noch eine ganze Weile wartend im Gang stehen. Koblenz kommt erst in zehn Minuten. Draußen fliegen verlassene Felder vorbei, und schräg über die Fensterscheiben rinnen wirr Tausende Tropfen, ehemalige Schneeflocken, die der Zug massenweise einfing und erschlug. Unbeirrt zieht die Vormittagssonne als bleiche Scheibe durch graue Wolkenfetzen und begleitet den Zug, während sich die kahlen Hügelrücken des rheinischen Vorgebirges unter ihr wie auf einer Drehbühne wegbewegen. „Guck mal, wie schön!“ Den kleinen Knaben und seine Oma neben ihm beachtet Gerd nicht. Schließlich muß er sich auf seine künftigen Erholungsprojekte konzentrieren. Die Touristikbranche boomt.

Man braucht Leute wie ihn. Die Kopfschmerzen wird er schon loswerden und auch diese merkwürdigen Seitenstiche. Er bricht eine Tablettenpackung auf und schluckt die Medizin wie vom Arzt verordnet. Dann überprüft er mit geschlossenen Augen noch einmal seine Ausrüstung. Künftig muß er versuchen, mit mehr Power in seinen Fotos die Freizeitprojekte an den Mann zu bringen und sein seelisches Gleichgewicht wiederzufinden. Das Rattern eines Servierwagens reißt ihn aus seinen Träumen. Er bestellt eine Kanne Kaffee und zwei Whisky. Als der Kellner die Tasse absetzt, erkennt er an dessen Armbanduhr, daß er feine Stunde geschlafen hat. Dagegen kommt er nachts leider kaum zur Ruhe. So kann er sich wegen seiner Müdigkeit nicht freuen über das winterlich verzauberte Alpenpanorama. Umsonst winken ihm schneebedeckte Fichten mit wippenden Zweigen und weiße Zuckerhüte in der Ferne zu. Bei Bellinzona ist dann der Zauber vorbei. Der Zug rast bereits durch das mediterrane Tessin. Dicke Regenvorhänge verhindern einen Blick durch die Fenster, und über Lautsprecher wird „Lugano“ angekündigt, Gerds Zielbahnhof. Als er den Bahnsteig taumelnd verläßt, bläst ihm der Wind voll ins Gesicht. Er ist deprimiert und weiß nicht recht, warum. Sein Fahrer Fredo kommt ihm bereits entgegen und hilft ihm, das Gepäck im Wagen zu verstauen. Er bemerkt die schlechte Stimmung seines Fahrgastes und konzentriert sich ganz auf die regennasse Fahrbahn.

Jaulend jagt der Jeep die steile Straße hinauf. Die Dunkelheit hat sich schon im Tal ausgebreitet und kriecht bereits die Berghänge hinauf. In jeder Kurve stemmt sich Gerd gegen das Armaturenbrett. „Befördern Sie Hotelgäste auch für eigene Ausflüge?“ Mit dieser vorsichtigen Frage will er seine Furcht etwas verdecken. Der junge Fahrer mit dem braunen Gesicht schickt ihm ein freundliches Lächeln über den Rückspiegel nach hinten. „Ich bin Hausmeister und Fahrer vom ‚Mira Mari‘. Meine Freunde nennen mich übrigens Fredo.“ Das angebotene „Du“ tut gut. „Und in deiner Freizeit ...?“ – „Da male ich!“ Die letzten Worte beendet der junge Mann mit einem stolzen Schnaufen. „Und du?“ – „Ich bin Landschaftsfotograf!.“ So herablassend wollte Gerd eigentlich nicht lächeln. Er lockert die Krawatte und tupft etliche Schweißperlen von der Stirn. Nach der nächsten Biegung schiebt sich endlich das Schild „Hotel Mira Mari“ ins Blickfeld. Die Terrasse verheißt für den folgenden Tag einen herrlichen Fernblick über den „Ceresio“, wie die Luganer ihren See nennen. Für die funkelnden Sterne, die jetzt zwischen den Pinien am Himmel blinken, hat Gerd wenig übrig. Er versagt sich dieses Vergnügen, sucht sein Zimmer auf und verstaut seine wertvolle Ausrüstung. Beim Zuziehen der Vorhänge drängt sich ihm inmitten eines leuchtenden Sternenmeeres die Venus ins Blickfeld. Ihm wird schwindlig. Als er sich für einen Augenblick auf die Bettkante setzt, holen ihn diese dummen Gedanken wieder ein. War sein Leben wirklich wichtig? – Für wen? Er sucht sich abzulenken und betritt alsbald die Hotelbar. Am Fenster findet er seinen Fahrer wieder und winkt ihn herein zu einem Glas Wein. Die kleine Kellnerin kommt mit der Karaffe und gießt ihnen ein. Er bemerkt die Schönheit der jungen Frau erst, kurz bevor sie mit wiegenden Hüften hinter einem Vorhang verschwindet.

„Bist du eigentlich glücklich?“ Fredos Frage trifft ihn unvorbereitet. Mit einem gedehnten „Natürlich“ sucht Gerd Zeit zu gewinnen. Ein unsicheres Lächeln legt sich auf seinen Mund. „Aber du mußt doch wissen, wie du dich fühlst!“- „Schau, ich bin ein gefragter Mannin einer Spitzenposition.“ Sein etwas gequältes Lächeln würde sicher niemand bemerken. Daß er sich an der Erziehung seines Sohnes gleichsam die Zähne ausgebissen hatte und daß er bis heute nicht recht weiß, warum seine Frau immer stiller wurde und ihn schließlich verließ, geht keinen etwas an. Beim Zurücklehnen spürt er seine gefüllte Brieftasche. „Ich bin Kaufmann und Landschaftsfotograf.“ Sein letzter Satz verrät Triumph. Doch Fredos lockiges Haar wippt im Rhythmus seines Lachens. „Ja, Landschaften, ich male sie seit dem siebten Lebensjahr, aber jedes Mal erlebe ich sie anders. Ich richte mich immer nach dem Licht und bin in der Früh schon mit Pinsel und Staffelei unterwegs.“ Er klappt seine Mappe auf und kramt ein Aquarell von heute Morgen heraus. Die Wasserfarben sind vom Papier teilweise aufgesogen, geben aber, das muß der Neid dem jungen Maler lassen, die reizvolle Stimmung des verregneten Tales treffend wieder. „Daran hast du doch sicher lange gemalt?“ – „Ja, etwa zwei Stunden – natürlich nicht gerechnet die Sucherei nach dem passenden Standpunkt.“ – „Und du? Wie lange brauchst du für ein Foto?“ Gerd rückt sich stolz zurecht. Er scheint wieder Boden zu gewinnen. „Vielleicht eine dreißigstel Sekunde.“ Er inhaliert sein Herzspray. Ganz wohl ist ihm nicht bei diesem Vergleich. Die kleine Kellnerin schwebt erneut herbei. „Noch einen Wunsch, der Herr?“ Gerd reckt sich ein wenig, zieht unauffällig seinen Bauch ein und lächelt zurück: „Oh, vielleicht ...“ Augenzwinkernd begleicht er seine Rechnung und blickt noch eine Weile die Pendeltür an, hinter der die junge Frau verschwunden ist. Beate mag den neuen Gast. Nicht des Trinkgeldes wegen. Eher wegen seiner rührenden Hilflosigkeit.

Ein roter Vorhang hält das fahle Licht der untergehenden Wintersonne von seinem Zimmer fern. Durch Gerds Hirn schwirren Termine. Den Gedanken an seinen Geburtstag im kommenden Monat schiebt er sofort weit von sich. Wo ist bloß seine Jugend geblieben? Er friert wieder. – „Du brauchst weder mir noch dir etwas zu beweisen!“ Die sanfte Stimme der Kellnerin holt ihn aus seinen Träumen zurück. Ihre zarte Haut neben ihm gewinnt durch das gefilterte Licht des Raumes deutlich an Wärme. Er erhebt sich vom gemeinsamen Lager. „Ich brauche einen anderen Arzt.“ Sie versteht. „Oder du bist nur verspannt.“– Nach einer peinlichen Weile: „Oben am Berg wohnt Hanni, eine Heilerin. Fredo bringt ihr manchmal Lebensmittel. Sogar Ärzte aus der Stadt haben sie schon um Rat gefragt.“ Gerd blickt versonnen auf die Baumwipfel im Tal, Mit einer farbenfrohen Krawatte und etwas Parfüm versucht er, seine Mutlosigkeit zu vertuschen. Heute abend wird er wieder diese Tabletten schlucken müssen.

Unten erwartet ihn ein reichhaltiges Frühstück. Als er in der Diele an der Standuhr vorbeikommt, vermeidet er es, auf ihr Zifferblatt zu blicken. Doch wie er zum Buffet tritt, schlägt sie unbarmherzig zehn. Er schaut auf seinen Tisch. „Immer dieses Müsli“, murmelt er und verlangt Toast mit Marmelade und starken Kaffee. Jemand hantiert draußen an einem Jeep. Ach ja, Fredo will ihn zu dieser Hexe – Pardon – Heilerin kutschieren. Abrupt setzt Gerd die Kaffeekanne ab, schiebt sein Brötchen zwischen die Zähne und verläßt hastig den Frühstückstisch.

Der stürmische Wind hat aufgehört und scheint mit seiner Verwüstung vorerst zufrieden. Über abgebrochene Äste, in den Bäumen geknickte Zweige. Fredo gewahrt den reisefertigen Gerd und mustert ihn verstohlen aus den Augenwinkeln, während er den Motor startet. „Na, Gerd, hast du gut geschlafen?“ „Es geht“, weicht der aus. „Und du? Bist du bald fertig mit deinem Bild?“ – Seine Frage sollte freundliches Interesse zeigen. Manfredo schmunzelt: „heute früh schon einem Touristen verkauft!“ Herr Gerd denkt an seine vielen unverkauften Fotos und schluckt. Nach einem tiefen Atemzug beginnt er mit seiner Kalkulation: „Wenn du täglich drei Bilder verkaufst, hast du bald ein eigenes Atelier mit Schülern, Gehilfen und ...“ – „Und dann?“ Das braune Gesicht des Malers legt sich in erwartungsvolle Falten. Gerd tupft sich ein paar Schweißperlen von der Stirn. „Dann kannst du deinen Laden im Dorf vergrößern, eine Filiale in der Stadt eröffnen und ...“ – „Brauche ich das alles? Ich komme doch auch so zurecht.“ – Der Filialleiter faßt sich an den Kopf. Offenbar weiß man hier noch nicht viel von Wirtschaftswachstum. Seine feste Sprache verrät jetzt fachliche Kompetenz: „Dann kannst du nämlich am Ende selbst bestimmen, ob, wann und wie viele Bilder du täglich malen willst!“ Hüpfend holpern die Räder des Jeeps über die festgefrorenen Steine der Schneise, als sie endlich die Hütte der Heilerin erreichen. Aber die Antwort will Fredo noch loswerden: „Aber so male ich doch schon seit meinem siebten Lebensjahr!“ Beim Aussteigen taumelt Gerd und verliert fast wieder das Gleichgewicht. Als er sich aufrichtet und in das glückliche Gesicht des Malers blickt, der gerade den Jeep stoppt, fühlt er sich unzufrieden mit seinem Leben.

Der zarte blaue Rauch drüben aus der Hütte hebt sich deutlich von der weißen Bergwand ab. Beide Männer schauen empor und atmen die klare Bergluft tief ein. Mit jedem Schritt, den die alte Frau ihnen entgegenkommt, schwingt ihr lilafarbener Wollrock rhythmisch hin und her. „Kommt und trinkt erst mal einen heißen Tee mit mir!“ Ihre einladende Geste zum Hütteneingang zeigt schlichte Eleganz. Nach der schweigenden Tee-Zeremonie wendet sie sich an Fredo: „Dein Freund sucht sicher Hilfe. Willst du ihn morgen abend wieder abholen?“ Ein Nicken, ein kurzer Abschiedsgruß, und der Jeep rollt in der gleichen Fahrspur wieder hinunter ins Tal.

Herr Gerd dreht unauffällig sein Handgelenk und wirft schon zum zweiten Mal einen verstohlenen Blick auf die goldene Armbanduhr. „Wie kann ich dir helfen in deinem Unglück, mein Bruder?“ Er fährt zusammen. Das Wort „Unglück“, das die alte Frau benutzt, lässt ihn stutzen. Woher weiß oder ahnt sie? Er sucht, Zeit zu gewinnen und schaut zum Fenster. Der heraufziehende Frost hat auf die Scheiben verschlungene Blumenmuster gezeichnet, die ihm nun den Blick nach draußen teilweise verwehren.

„Gestatten, Gerd aus Frankfurt. Ich suche im Auftrag eines Freizeitunternehmens bebaubare Grundstücke.“ Nach kurzem Zögern fügt er noch kleinlaut hinzu: „Und vielleicht kann ich ja bei dieser Gelegenheit auch was für meine eigene Erholung tun.“ Der alten Frau fällt sofort der bittende Blick bei dieser Bemerkung auf. „Ich bin Hanni, eine ehemalige Lehrerin, und versuche, den Menschen Hilfe zur Selbsthilfe zu geben, frei nach Pestalozzi, und die brauchen wir ja irgendwann alle, nicht wahr?“

Die bescheidene Art dieser Frau und ihre jung gebliebenen Augen faszinieren ihn. Wenn er keine Zeit vergeuden will, muß er jetzt Farbe bekennen. Die Holzscheite im Kamin knacken und verbreiten einen wohligen Duft. Beim Schlürfen des duftenden Tees ordnet er seine Gedanken und legt los: „Ich bin ein gefragter Mann in Spitzenposition. Außer dem Sportabzeichen in Gold besitze ich noch allerhand andere Auszeichnungen und verdiene gutes Geld in der Werbung.“ Er hält kurz inne und fährt dann mit sanfterer Stimme etwas leiser fort: „Trotzdem bin ich todunglücklich, wenn ich mein Leben betrachte.

In der ganzen Plackerei sehe ich keinen rechten Sinn – vor allem für die Zukunft. Haben Sie einen guten Rat für mich? Ich zahle, was Sie verlangen!“ Wie eine Wasserflut brechen seine Worte hervor. Gerade noch rechtzeitig kann er mit dem Zipfel seines Taschentuches eine Träne wegtupfen.

Die anschließende Pause erscheint ihm wie eine Ewigkeit, und Hannis Antwort verunsichert ihn erneut: „Dein Geld brauche ich nicht, gib es den Armen! Aber überlege mal, ob du auf deinem Weg wirklich umkehren willst.“ Seine fragenden Augen bemerkt sie. „Du hast dich nämlich sehr weit von der Natur entfernt! In deinem Wahn, die Umwelt, die Menschen und auch dich selbst grundlegend verbessern zu wollen, verlierst du allmählich dein Gleichgewicht. Entrüstet richtet sich Gerd auf. Die Katze unter der Bank verläßt fluchtartig ihren warmen Platz. Nun hat er aber genug. Er muß schließlich diese gottverlassene Gegend aufmöbeln – wenn auch gegen gute Provision. Jetzt soll er schön brav zur Natur zurückkehren und alles im alten Zustand belassen, wo sein Durchblick doch so gefragt ist? „Das muß ich mir nicht bieten lassen“, murmelte er. In einem sonorem Brustton zur alten Hanni gewandt: „Ist denn ein neuer Freizeitpark mit vielen Versorgungseinrichtungen und den damit verbundenen zahlreichen Arbeitsplätzen nicht ein lohnendes Objekt für die ganze Region?“

Diese Frage hätte er sich sicher schenken können. Was versteht diese Alte schon von moderner Infrastruktur? Offenbar hat Hanni seine Gedanken erraten. Sie weist mit knochigem Arm nach draußen. In ihrer Frage liegt blanke Angst: „Wie lange noch werden Menschen sich in einer heilenden Natur erholen können?“ – Ein kalter Wind versucht, zu ihnen einzudringen, doch die Hütte hält dicht. Gerd mag seine Argumente nicht noch einmal vortragen. Allmählich verliert er die Geduld: „Sollen wir denn alles wie zu Großvaters Zeiten belassen? Wo bleibt denn der Fortschritt?“ Er kann kaum seine Wut unterdrücken.

Heraufziehende Wolken filtern nun stärker das ohnehin fahle Sonnenlicht. Bald wird die Dämmerung hereinbrechen. Der

Gesprächsverlauf scheint Hanni anzustrengen. Ihre Stimme beginnt bereits, brüchig zu werden. „Keinesfalls sind wir zum Nichtstun verdammt, aber überlege doch vor deinen Verbesserungsversuchen, was wirklich und nachhaltig uns allen nützt! Wirke im Einklang mit der Natur und gräme dich nicht über Dinge, die du ohnehin nicht ändern kannst." Gerd lehnt sich rechthaberisch zurück. Seine Halsschlagader tritt deutlich hervor, als er seinen letzten Trumpf ausspielt: „Und wie soll ich die richtige Auswahl treffen?" Hanni weiß aus Erfahrung, daß solche Gespräche immer wieder auf eigene Entscheidungen hinauslaufen. Und die kann sie natürlich keinem Ratsuchenden ersparen. Sie legt liebevoll ihre Hand auf die Schulter des Mannes und trifft behutsam ihre Wortwahl: „Ziehe dich zunächst einmal zurück in die Einsamkeit und laß deinen Verstand und deinen Willen völlig zur Ruhe kommen. Ganz allmählich, wenn du deine Eigeninteressen links liegen lässt, wirst du spüren, wie die Stille der Natur deine Sinne schärft! Bedenke aber", sie sieht, wie Gerd auf seine Uhr blickt. – „Bedenke, daß solche Meditationen viel Geduld und Übung benötigen – wie jede Kunst! Ich bin aber bereit, dir dabei zu helfen." „Vielen Dank!" Jetzt braucht der Manager nicht mehr lange zu überlegen. So viel Zeit hat er weiß Gott nicht. Teufel auch! Ihm fällt heiß ein, daß drei Telefonate auf ihn warten! Und er hat nicht einmal sein Handy dabei!

Als er kopflos talwärts stolpert, beginnt es zu schneien. Er weiß nicht genau, ob er sich von der Heilerin höflich verabschiedet hat. Jedenfalls hat er der Alten eine angemessene Vergütung im Briefumschlag hinterlassen. Das muß genügen. Schnell noch ein Foto von diesem Berghang als Totale. Hier könnte der große Parkplatz in den Berg gegraben werden. Aber jenen Zweig dort muß er noch abbrechen. Der behindert sonst später die Bildbetrachtung. Wie er sich über den Hang beugt und den schneenassen Ast schließlich zu fassen kriegt, flattert krächzend eine aufgeschreckte Krähe empor. Gerd aber verliert erneut sein Gleichgewicht und stürzt hinterrücks den Abhang hinab.

Wie er dann reglos auf einem verschneiten Felsvorsprung liegt, zieht Stille ein in sein Gemüt. Dicht vor seinem Gesicht legt eine rote Nacktschnecke ihre schimmernde Spur über das blutbefleckte Moos. Jetzt ahnt er, daß er den Boden wiedergefunden hat.

2. Die guten Geister

„Gerd!" – Eine warme Frauenstimme hat ihn beim Namen gerufen. Seine Rechte schmerzt, und bevor eine seine Augen öffnet, vergewissert er sich, daß seine übrigen Glieder beweglich sind. Dabei hört er, wie unter ihm das Stroh knistert. „Gerd!" Er dreht seinen Kopf ein wenig und bemerkt nun den Verband, der um seine Schläfen läuft und offenbar irgendwelche Kräuter festhält. Als er endlich die Augen öffnet, erschrickt er zunächst über das faltenreiche Gesicht, das sich zu ihm herabbeugt. Doch bald erinnert er sich wieder an diese jung gebliebenen Augen. „...Hanni?" – Die alte Frau schmunzelt:

„Die guten Geister der Bergwacht konnten dich schließlich aus der Klamm emporziehen. Einer der beherzten jungen Leute wurde dabei selbst verletzt, ist aber nun außer Lebensgefahr." Er denkt an sein Handy, das irgendwo in der Schlucht zerschellt sein muß. „Und wie konntest du ...?" – Er kann den Kiefer nur mühsam bewegen. Doch Hanni versteht ihn: „Ich habe denen ein Zeichen gegeben, denn ich kenne meine Freunde, und sie kennen mich. Wir haben Rauchsignale vereinbart." Gerd schließt die Augen, um sich klar zu werden über seine Situation. Da sieht er plötzlich wieder den Ast, nach dem er vor seinem Absturz gegriffen hat, und es schaudert ihn, als er in den kalten Abgrund blickt.

Ein würziger Duft durchzieht die Hütte. Dankbar schlürft er die heiße Suppe, die Hanni ihm reicht. Deutlich spürt er, wie eine wohlige Wärme bis in seine Fingerspitzen strömt, und mit einer Mischung aus Neugier und Furcht ahnt er, daß sich in seinem innersten Wesen etwas verändert haben muß. Seine

Stimme klingt brüchig: „Ich war wohl von allen guten Geistern verlassen …“ Hannis Augen blitzen: „Nein, gewiß nicht von allen“ – sie betont deutlich das letzte Wort. Nachdenklich versinkt Gerd in Kindheitserinnerungen. „Du meinst doch nicht etwa meinen Schutzengel?“ Er erinnert sich an seine Großmutter, die ihn als kleinen Bub im Abendgebet den „vierzehn Englein“ anempfohlen hat.

Aber bereits seine Eltern lehnten „so was“ ab. Und er bald auch.

Hanni hat sich inzwischen am Feuer zu schaffen gemacht, das nun wieder aufflackert und tanzende Figuren an die Wände wirft, während draußen die Sterne immer deutlicher durch das kleine Fenster strahlen. Sie setzt sich wieder an sein Lager.

„Ich kenne den Kitsch, der sich durch Mißbrauch der Begriffe über Engel entwickelt hat. Betrachten wir aber doch einmal den Kern des Wortes. Abgeleitet vom lateinischen angelus bedeutet Engel, ‚Bote‘, und vielleicht wirst du ja mal eine Botschaft hören“ – sie macht eine kleine Pause – „wenn du Ohren hast, zu hören“ Ihr Gesicht ist jetzt ernst, und die Augen ziehen seinen Blick eindringlich zu ihr herauf. Gerd zweifelt noch. „Aber ich hätte doch auch durch reinen Zufall …“ Seinem früher oft vorgebrachten Argument traut er eigentlich selbst nicht mehr so recht. „Zufall?“ – Hanni lacht auf. „Da wissen viele nicht, was da geschieht und warum. So geben sie dem Vorfall einfach das Etikett Zufall. Damit glauben sie dann das Unbegreifliche in den Griff zu bekommen. Verfolgen wir dagegen die Wirkung eines Geschicks, so erkennen wir meist, daß uns eine wichtige Botschaft gesendet wird, und erkennen später auch, warum gerade uns dieses Schicksal zu-fällt.“

In der anschließenden Stille versucht Gerd, seine Gedanken zu ordnen. Draußen hat der Wind sich gelegt, und die herbeitanzenden Schneeflocken können sich jetzt in Ruhe einen Landeplatz aussuchen. Das Feuer im Kamin ist mittlerweile zu einem Klumpen Glut zusammengesunken. Immer seltener stoßen kleine Funken daraus hervor und verlöschen sofort wieder. Mit einem Seitenblick erkennt er, daß Hanni offensichtlich müde wird. „Warten wir mal die Zukunft ab", fährt sie fort. „Vielleicht kannst du mir ja später von deinen Botschaften berichten." Sie hantiert wieder an der Teekanne, und bald zieht ein herrlicher Kräuterduft durch die Hütte. Hanni reicht Gerd eine Schale mit diesem Gebräu. „Damit wirst du tief schlafen – und vielleicht von guten Geistern träumen ..." Warum ihre Augen dabei schelmisch blitzen, kann er sich zunächst nicht erklären.

Als der Tee dann durch seine Kehle rinnt, wird ihm klar, daß er noch nie ein so köstliches Getränk genossen hat. Ganz entspannt lehnt er sich zurück und versinkt tief in eine Traumwelt. Wo sich soeben noch die Lichtspiele des Kaminfeuers an den Wänden spiegelten, glaubt er nun in immer deutlicheren Konturen fremde Wesen zu erkennen. Neugierig und auch etwas ängstlich versucht er, die Botschaften, die ihn offensichtlich selbst betreffen und die merkwürdigerweise oft in Widerstreit miteinander stehen, aus dem Stimmengewirr herauszuhören. Er unterscheidet vor allem zwei Arten von „Botschaften": Die freundlichen Geister in einer blauen Aura und die ihm eher feindlich erscheinenden Boten in einer braunen. Merkwürdigerweise geht von beiden Gruppen ein zwar verschiedener, aber doch sehr angenehmer Geruch aus. Gerd ahnt, daß alle diese Botschaften offenbar wichtig für seine Zukunft sind. Um sie besser behalten zu können, prägt er sie sich darum paarweise ein:

Die Boten mit blauer Aura:	Die Boten mit brauner Aura:
„Zunächst sollte sein Leib gesunden! Der Mensch braucht Wärme und ein gesegnetes Land mit vielen Früchten für ein Leben in Fülle!“	„Sein Leib braucht auch Kälte und gelegentliche Entbehrung, sonst droht er zu verweichlichen.“
„Er sollte an einem sauberen See wohnen, der ihm in seinem Spiegel immer wieder die Weite des Universums zeigt und ihn so aus der Enge seines Ichs befreit.“	„Der Spiegel des Sees soll ihm aber auch stets sein allmähliches Altern und seine Endlichkeit vor Augen halten.“
„Er braucht auch einen hohen Berg in seiner Umgebung, den er besteigen und sich damit uns nähern kann. Beim Anblick des Kosmos verringern sich seine irdischen Probleme, und er behält immer die Übersicht.“	„Dabei muß er aber täglich seine Grenzen erkennen und lernen, daß er nicht gefahrlos alle Hindernisse überwindet, ja, daß jedes Jahr seine Kräfte ein wenig mehr schwinden.“
„Er soll von freundlichen Menschen umgeben sein, die ihm in Not und Gefahr beistehen.“	„Enttäuschungen dürfen ihm nicht erspart bleiben. Wie soll er sonst reifen? Darum soll er auch stets auf fremde Hilfe angewiesen sein.“
„Er soll sich auch freuen an Pflanzen und Tieren in seiner Nähe, die sich wohlfühlen in ihrer Umgebung und die er gerne schützt.“	„Das Sterben von Pflanzen und Tieren und gelegentliche eigene Krankheiten sollen ihm stets seine Endlichkeit vor Augen halten.“
„Er muß versuchen, die Freude, die er täglich in dem neuen Land genießt, weiterzugeben an jedermann, gleich von welchem Stamm, Geschlecht oder Religion, besonders an die sogenannten ‚Minderwertigen‘.“	Dem hat merkwürdigerweise kein Bote aus der braunen Aura etwas entgegenzusetzen, doch ein übelriechender Dämon unten am Boden knurrt: „Wenn er das versäumt kommt meine Chance!“

Bei der letzten Botschaft überläuft es ihn kalt, und er versucht, dazu noch weitere Informationen zu erhalten. Doch vor seinem Blick zerfließen allmählich alle Konturen und Farben in einem feinen Nebelflor, und die Stimmen der Boten verhallen in der Ferne.

Gerd blickt schweißgebadet in Hannis Antlitz. „Hast du gut geträumt nach meinem Tee?“ –

„Ja, danke!“ – Er sehnt sich nach einer Reinigung mit kaltem Wasser. Doch vorher will er sich noch über die verschiedenartigen Botschaften klar werden. Daher schließt er die Augen wieder und lässt das Licht der aufgehenden Sonne wie ein Feuer durch seine Lider strömen, während er Hanni von den verschiedenartigen Geistern berichtet. „Ich sehe da keine Widersprüche“, meint sie nachdenklich. „Jedenfalls meinen es nicht nur die blauen Himmelsgeister, sondern auch die braunen Erdgeister gut mit dir. Bedenke, daß auch wir Menschen aus der Materie hervorgegangen sind und ihren Gesetzen unterworfen bleiben – zumindest dem Leibe nach. Könnte diese Materie – von vielen Idealisten unserer Zeit verachtet – nicht eine Verdichtung von Geist sein? Und bewähren wir uns nicht erst durch die Überbrückung dieses scheinbaren Zwiespaltes? Überprüfe bitte daraufhin einmal die Botschaften der Erdgeister!“

Sie reicht ihm das Frühstück, das er nun schon im Sitzen einnehmen kann. Frisch gestärkt blickt Gerd aus dem Fenster und freut sich über den kleinen Spatz, der auf dem untersten Ast eines Baumes vor der Hütte sitzt und schilpt. Er richtet sich auf und streckt sich. „Ich könnte Bäume ausreißen“, sagt er etwas gedankenlos.

„Das laß ja bleiben! Bäume sind meine Freunde!“ Er zuckt zusammen über Hannis harten Tonfall und entschuldigt sich.

Eine kleine Staubwolke in der Ferne zeigt den beiden, daß Fredo mit seinem Jeep zu ihnen unterwegs ist. „Er soll dich sicher wieder hinabbringen“, meint sie mit einem Blick auf den in Gedanken versunkenen Gerd. „Denk auch an diesen Dämon, der dich im Traum bedrohte. Bevor wir einem bösen Geist die

Schuld in die Schuhe schieben, sollten wir unsere eigenen Motive immer wieder überprüfen. Bereits bei unseren guten Werken können wir manchen bösen Gedanken entlarven. Wir brauchen nur zu fragen, warum wir diese Werke tun. Schon durch einen von ihnen kann unsere Lebensbalance empfindlich gestört werden. Der Teufel liegt eben im Detail." Gerd nickt. Er wird darüber meditieren. Später. Jetzt aber drängt es ihn hinab ins Tal. Seine Gedanken verweilen bereits bei den frohen Botschaften, selbst wenn sie sich nicht alle erfüllen sollten.

Der Abschied ist herzlich. Man wird in Verbindung bleiben. Freundlich empfängt er Fredo, dessen Fahrzeug bereits vor der Hütte hält. Als sie schweigend wieder hinabfahren, schaut er seinen nachdenklichen Fahrgast von der Seite an und fragt sich, ob dies derselbe Mensch ist, den er neulich hinaufgefahren hat. Er versucht, ein Gespräch in Gang zu bringen: „Hat es dir gefallen da droben? Wie war die alte Hexe?" – Gerd kann an dem Tonfall Fredos feststellen, daß das letzte Wort keineswegs minderwertig gemeint ist. Er begnügt sich mit einer knappen Antwort. „Sie ist einfach zauberhaft!", sagt er leise. Seine Gedanken kreisen immer wieder um die neuen Botschaften. Haben sie ihn bereits auf einen neuen Weg gebracht? Seine frühere Selbstsicherheit ist verschwunden. In seine Vorfreude über den neuen Lebensabschnitt mischt sich sogar etwas Furcht. Er erinnert sich an ein Gefühl aus seiner Kindheit. Es war an Heiligabend. – Vor der Bescherung.

Der Autor

Andreas Krämer wurde 1934 in Bad Godesberg geboren. Nach dem Abitur studierte er auf Lehramt und erhielt 1957 von der Akademie Bonn die Zulassung als Lehrer für die Volksschule. Dies wurde um die Lehrerlaubnis für Hilfsschulen erweitert. Er ist verheiratet mit einer Lehrerin und hat vier Kinder. Mittlerweile lebt er in Riva San Vitale in der Schweiz.
Zu seinen Hobbys gehören das Fotografieren, das Videofilmen, aber vor allem das Tanzen. Hier ist er im Seniorentanz sehr aktiv und war dabei sogar Tanzleiter im Bundesverband in Bergisch-Gladbach und Köln von 1999 bis 2013.
Zum Schreiben ist er eher im Selbststudium gekommen und hat sich vor allem auf Kurzgeschichten konzentriert. „Ein anderer Blickwinkel" ist hierbei seine erste Veröffentlichung.

Willst du Unmögliches morgen erreichen,
sei dir das Mögliche heute ein Zeichen!